교회학교 진단 침체와 부흥

| **양금희** 지음 |

큐란출판사

책 머리에

한국의 교회학교는 20세기 중반 이후 사상 유래 없었던 한국 교회의 성장에 발맞추어 역시 사상 유래 없는 급진적 성장을 해왔다. 특히 1960년대 이후 한국의 교회학교는 그 어느 시기보다도 활성화되었던 시기를 맞았었다. 신학대학교마다 기독교교육과가 신설되고, 교단의 교육국마다 독자적인 공과를 출판하였으며, 기독교교육 전문가와 전공자들이 현장에 참여하면서 교육의 전문화를 이루어 왔던 시기이기도 하였다. 그래서 20세기 말에 많은 기독교교육학자들은 1960년대 이후 1990년대까지의 시기를 '성장기', '도약기' 혹은 '전문화의 시기' 등으로 평가하기도 하였다. 그러나 그와 같은 평가가 이루어지던 1990년대에 이미 한국의 교회학교는 성장의 둔화 현상과 동반되는 침체 증후군이 곳곳에서 나타나고 있었고, 결국 1995년을 기점으로 감소 추세로 돌아서고 있었다. 이와 같은 교회학교의 수적 감소 추세는 한국 사회 전반에 나타나는 아동 출생율의 감소 현상과 맞물려 더욱 급격한 하향곡선을 그리고 있는 것을 볼 수 있다.

필자는 본서에서 1995년 이후 현재까지의 한국 교회학교는 '재도전기'에 직면하여 있다고 진단하였다. 재도전기라 함은 한국 교회학교가 수적 침체에 직면하여 있는 것은 사실이지만, 이를 성장 과정에서 나타나는 '성장통'으로 알고 잘 극복하여 다시금 더 성숙한 단계로 도약할 수 있는 계기로 삼을 수 있다는 의미에서이다. 그런데 침체를 극복하고 다시 도약하기 위해서는, 무엇보다 먼저 우리가 직면하고 있는 침체의 현상 및 요인을 알아야 할 필요가 있고, 그것을 바탕으로 하여 부흥의 전략을 모색할 필요가 있다.

따라서 본서는 무엇보다 먼저 한국 교회학교 침체의 요인을 다측면적으로 접근하여 발견하고자 하였다. 이를 위해 본서는 먼저 한국 교회학교의 어제를 시대 순으로 살펴보았다. 오늘날의 교회학교가 침체라고 하는 것은 한국 교회학교의 과거에 비추어 볼 때 과연 침체인지, 어떻게 침체인지가 드러나기 때문이다. 교회학교의 역사에 비추어 교회학교의 오늘의 자리를 점검한 후, 본서는 오늘날 교회학교의 침체 요인을 분석하기 위하여 먼저 문헌 연구를 통해 그동안 많은 기독교교육 전문가들이 교회학교 침체 현상의 요인을 어떻게 분석하고 있는지 살펴보았다. 그리고 이를 바탕으로 침체 요인에 관한 대략의 아웃라인을 잡아서 실제적으로 현재 기독교교육의 전문직에 종사하고 있는 기독교교육 교수 및 전문가들을 대상으로 인터뷰를 실시하였다. 이 인터뷰를 바탕으로 침체 요인에 관한 구체적 설문지를 작성한 후 아동 교회학교 사역자와 교사, 학부모, 아동을 대상으로 설문 조사를 실시하였다.

이와 같은 단계들을 통하여 아동 교회학교의 침체 요인을 분석한 후 본서는 아동 교회학교의 발전을 위한 방안을 모색하였다. 먼저 교회학교 사역자와 교사, 학부모, 아동을 대상으로 한 설문조사에서 교회학교의 '부흥 방안'을 묻고, 이를 바탕으로 구체적인 방안들을 모색하였다. 더욱 통전적이고 거시적인 안목에서 부흥 방안을 모색하기 위하여 본서는 침체 요인과 발전 방안에 대한 설문조사 결과를 하나의 축으로 하면서도, 이와 동시에 한국 사회가 처한 시대-사회적 배경으로부터 출발하는 발전 방안을 다른 축으로, 그리고 더 나아가 아동 교회학교에 대한 교육철학적 안목을 또 다른 축으로 하여 통전적 발전 방향을 모색해 보았다.

이 책은 2007년 11월 연동교회의 교회학교 100주년을 기념하는 연구 프로젝트로 연동교회의 연구비 지원으로 쓰여졌음을 밝혀 둔다. 부족한 사람에게 연구의 기회를 주시고, 책의 출판을 허락해 주신 이성희 담임목사님과 당회원 및 교육위원회에게 심심한 감사의 뜻을 전하고 싶다.

또한 본서의 집필 과정 중 설문조사의 부분에서 연구를 함께 해 준 서울여자대학교 바롬교육원 간사 김화선 목사님과, 총회 교육부의 김명옥 목사님께도 감사의 뜻을 전하고 싶다. 두 분의 도움이 아니었다면 본서의 가장 중심이 되는 설문조사 연구는 이루어질 수 없었을 것이다. 어려운 출판 사정에도 불구하고 기꺼이 본서를 출판해 주신 쿰란출판사의 이형규 사장님과 편집 및 교정을 맡아 수고해 주신 여러 직원들께도 이 자리를 빌어서 심심한 감사의 뜻을 전하고 싶다. 가장 큰 감사는 역시 한국에 교회학교를 허락하시고 이를 통해 이 땅에 하나님의 나라를 이루고 계시는 하나님께 돌린다.

2008년 3월 24일 아차산 기슭에서

양 금 희

차례

차례

Ⅰ. 서론

미래의 한국 교회는 아동 교회학교에 달려 있다고 해도 과언이 아니다. 오늘의 교회학교 아동이 내일의 한국 교회를 이끌어 나갈 주역이기 때문이다. 과거 한국 교회의 역사를 볼 때도 아동 교회학교는 선교 120여 년의 역사 동안 한국 교회의 성장과 지도자 양성에 음으로 양으로 큰 기여를 해 왔음을 알 수 있다. 단적인 예로 한국 교회학교에 있었던 1960년대의 부흥은 1970년대에 있었던 한국 교회의 폭발적 성장과 무관하지 않다는 것을 들 수 있다.[1]

그런 의미에서 우리가 한국 아동 교회학교의 과거와 현재를 바르게 진단하고, 미래를 위한 올바른 방향을 제시하는 것은 전체 한국 교회의 부흥과 한국 교회 교육의 방향 설정에 있어서 반드시 다뤄야 할 요소라고 할 수 있다.

1) 김종준, "주일학교 교육의 진단," 《기독교 교육연구 - 교회교육과 지도자》 v. 15 (2004).

따라서 본 연구는 먼저 한국 아동 교회학교의 '어제' 를 살펴봄으로써 한국 교회학교의 뿌리를 찾고자 한다. 한국 교회학교가 처음 태동한 후 오늘에 이르기까지 어떠한 과정을 거쳐 발전하고 성장해 왔는지 시기를 구분하여 각 시기의 특징과 발전 상황을 살펴볼 것이다.

또한 본 연구에서 한국 교회학교의 '오늘'을 진단하고자 한다. 오늘의 한국 아동 교회학교는 '정체' 혹은 '침체' 로 표현된다. 아동 교회학교가 정말 침체인지, 침체라고 하면 왜 침체인지 그 침체의 요인들을 분석해 볼 것이다. 이 과정에서 본 연구는 먼저 다양한 문헌 연구를 통하여 전문가들이 보는 침체 요인을 정리하고, 이를 바탕으로 하여 아동 교회학교의 이론과 실천에 종사하는 사람들을 대상으로 침체 요인 분석을 실시할 것이다. 먼저 기독교교육 전문가들을 대상으로 하는 인터뷰를 통해 침체요인을 분석하고, 이를 통하여 발견된 침체 요인을 바탕으로 설문을 작성하여 교역자, 전문가, 교사들뿐만 아니라 학부모와 아동을 대상으로 하는 조사를 실시할 것이다.

또한 본 연구는 이를 바탕으로 오늘날의 한국 아동 교회학교가 어떻게 현재의 '새로운 도전' 을 극복하고 미래의 한국 교회 발전에 기여하는 교육 기관으로서의 사명을 다할 수 있을지 그 방안을 강구해 보고자 한다. 이를 위하여 폭넓은 문헌조사와 설문결과를 토대로 한 한국 아동 교회학교의 발전 방안을 제시해 볼 것이다. 교회학교 발전을 위한 방안은 무엇보다 먼저 교회학교의 철학에 근거한 방안과, 한국사회가 처해 있는 시대적 특성을 바탕으로 한 방안, 그리고 침체 요인에 근거한 방안 등 세 가지 차원에서 모색될 것이다.

II. 한국 아동 교회학교의 어제

- 간추린 교회학교의 역사

1. 한국 교회학교 역사의 시대 구분

기록에 의하면, 한국의 주일학교는 1890년에 처음으로 시작되었다.[2] 그 이후 오늘까지 한국의 교회학교는 110세 이상을 살았다. 짧다면 짧다고 할 수도 있지만 한 세기 이상의 교회학교 역사를 한눈에 보기 위하여 우리가 무엇보다 먼저 해야 할 일은 시기를 구분해 보는 일일 것 같다. 사람의 인생도 유아기와 아동기, 청소년기와 같은 시기가 있는 것처럼 우리의 교회학교도 특별히 성장이 집중되었던 시기가 있었고, 성장이 정체되었던 시기가 있었다. 그래서 그와 같은 시대적 특성을 잘 찾아서 살펴보는 일은 한국 아동 교회학교의 역사를 보다 잘 이해하는 데 필수적인 일이라고 할

---

2) 곽안련, 《한국 교회와 네비우스 선교 정책》(서울: 대한기독교서회, 1994), 215.

수 있겠다.

1) 1990년 이전의 시대 구분들

과거에 한국의 주일학교 역사를 시대별로 구분하여 고찰한 학자들은 크게 두 부류, 즉 1990년 이전과 그 이후로 나누어 볼 수 있다. 전자 즉, 1990년 이전에 고찰한 부류 중 최초의 학자로는 아마도 엄요섭을 들 수 있을 것이다. 엄요섭은 일찍이 1959년에 그가 출판한 책《韓國 基督敎 敎育史 小考》에서 한국 교회학교의 역사를 크게 세 단계로 구분한 바 있다. 제1기, "구 왕국시대에 싹튼 주일학교운동"(조선주일학교연합회 이전), 제2기, "일제시대에도 발전된 주일학교운동"(조선주일학교연합회 시대) 그리고 제3기, "민족 해방과 기독교교육의 재건"(대한기독교교육협회 시대)이 그것이다.[3] 엄요섭은 제1기는 알렌이 한국에 처음 온 1884년부터 조선주일학교연합회가 정식 발족한 1922년까지로, 제2기는 1922년부터 1945년 민족 해방까지, 그리고 제3기를 1945년 이후 자신의 저서가 쓰였던 시점인 1959년까지로 잡고 있다. 이와 같은 엄요섭의 시대 구분에 대해서 정웅섭은 한국 민족사적 견지나 교회사적 시각이라기보다는 교회교육연합체인 기독교교육협회사적인 견지로 본 구분이라고 하였다.[4] 실제로 엄요섭은 주로 조선주일학교 연합회와 대한기독교교육협회의 회의록이나 관련

---

3) 엄요섭,《韓國 基督敎 敎育史 小考》(서울: 大韓基督敎敎育協會, 1959).

4) 정웅섭, "敎育問題史的으로 본 韓國改新敎 敎會敎育 100年 -主日學校를 中心으로,"《한신논문집》제2권(1985): 102.

자료들을 중심으로 그의 책을 구성하고 있는 것을 볼 수 있다. 따라서 엄요섭의 구분은 협의회 활동 중심의 시대 구분이라고 할 수 있다.

문동환도 그의 글 "한국의 교회교육사"(주일학교 운동 중심으로)에서 한국 교회교육사를 세 시기로 나누었다. 그는 1885년에서 1919년 3 · 1운동까지를 제1기로, 1919년에서 1945년 해방 때까지를 제2기로, 그리고 1945년부터 그가 이 글을 썼던 당시, 즉 1973년을 제3기로 본다고 하였다.[5] 제1기가 교회가 국가건설에 대하여 특별한 관심을 쏟았던 시기로서의 특징이 있다면, 제2기는 일제하의 시기로 이 시기의 기독교교육은 국민들이 자립적 독립운동으로 국민을 깨우는 '문화운동'의 특성을 띠고 있었다고 하였다.[6] 제3기를 문동환은 다시 두 부분으로 나누어 1945년부터 1960년까지를 다시 일어나는 '재건기'로, 1960년 이후로 현재(1973년)까지를 한국의 독자적인 종교교육을 창조하려고 노력하는 '자주기'로 볼 수 있다고 하였다. 엄요섭의 구분이 협의회 활동이라는 것에만 초점이 맞추어져 있다면, 문동환의 구분은 또한 지나치게 민족사적 관점에서만 접근한 시대 구분이라고 할 수 있다. 이미 대한제국시대와 일제하 시대, 독립 후의 재건기와 자주기라고 하는 제목들에서 나타난 바와 같이 문동환은 주일학교운동을 주로 정치 사회적 관점에서만 접근하고 있다.

그런가 하면 정웅섭은 그의 글 "教育問題史的으로 본 韓國改新

---

5) 문동환, "한국의 교회교육사(주일학교 운동 중심으로)," 대한기독교교육협회, 『韓國基督教教育史大韓』(서울: 基督教教育協會, 1973), 32.
6) 위의 책.

敎 敎會敎育 100年 -主日學校를 中心으로" 에서 주일학교 역사를 크게 네 시기로 구분하여 설명하고 있는 바 제1기는 '이식기' (1884-1919년), 제2기는 '대결기' (1920-1945년), 제3기는 '타협기' (1946-1969년), 그리고 제4기는 '정체 추구기' (1970-1985년)라고 하였다. 제1기인 '이식기' 는 복음이 새로 한국에 들어와 '새것으로 도전과 응전의 시기' 로서의 특징을 갖고 있다면 제2기인 '대결기' 는 일본 강점기로 '겨레와 교회의 자유' 를 위하여 대결하였던 시기였고, 제3기인 '타협기' 는 해방 이후 한국사회의 변화와 더불어 교회가 세속성 앞에서 보다 대결적인 자세로 대처하지 못하고 오히려 세속문화와 타협의 자리에 머물렀던 시기였다. 제4기는 '정체 추구기' 로 한국 교회가 독자적인 정체성(identity)을 추구하는 시기에 들어와 있다고 하였다. 이 글이 한국 개신교 교회교육 100년을 주일학교를 중심으로 고찰하는 것이 목적이었다는 점에서 볼 때, 필자의 눈에 정웅섭의 구별은 '교회학교' 에 초점이 놓여 있기보다는 오히려 한국 개신교회 전체의 역사라고 하는 관점에서 쓰인 글이라고 할 수 있다.

그렇게 보았을 때 1990년 이전에 이루어진 한국 교회학교 역사의 시대 구분은 기독교교육적 관점에서 이루어졌다고 하기보다는 정치 사회적 측면이나 교회사적 측면 혹은 협의회의 활동 중심으로 이루어졌다고 할 수 있다.

2) 1990년 이후의 시대 구분

이와 같은 초기 분류와 나란히 우리는 비교적 최근의 기독교교육적 측면에서의 분류들을 발견할 수 있는데, 이에 결정적 자리를 제공한 책이 바로 1999년에 한국 기독교교육학회에서 발간한 기독교교육 논총 《한국 교단의 기독교교육사》이다.[7] 이 책에는 한국의 기독교교육사를 다루기 위해 국내 8개 교단의 대표들이 각 교단 나름대로의 기독교교육사 시대 구분을 제시하였다. 장종철은 감리교회의 기독교교육사를 크게 네 시기로 분류하여, 제1기는 "감리교의 전래와 선교의 시기" (1885–1919년), 제2기는 "주일학교 운동 확장의 시기" (1920–1945년), 제3기는 "교회교육 재건의 시기" (1945–1960년), 그리고 제4기는 "기독교교육 전문화 시기" (1961–현재)라고 하였다.[8]

반면 장로교 합동측의 기독교교육사를 고찰한 한춘기는 같은 교단의 기독교교육학자인 김득룡의 분류를 바탕으로 하면서 이를 보충하는 시대 구분을 제시하였다.[9] 그는 김득룡의 분류, 즉 제1기 '복구기' (6.25전쟁–1960년), 제2기 '반성기' (1960년대), 제3기 '정돈기' (1970–1994년)를 수용하고, 여기에 제4기 '도약기' (1994–1999년 현재)를 보충하여 전체를 네 시기로 분류하였다.[10] 김득룡과 한춘기의 분류는 한국 주일학교 초기 역사를 생략하고 6.25 한국전쟁 이후 합동측 교단의 기독교교육사만을 다루었다는 특징이 눈에 띈다.

---

7) 한국기독교교육학회 편, 《한국 교단의 기독교교육사》(서울: 한국장로교 출판사, 1999).
8) 장종철, "한국 감리교회의 기독교교육사," 《한국 교단의 기독교교육사》, 33.
9) 김득룡, "한국 주일학교 교사연구," 대한예수교장로회, 전국주일학교 연합회,《전국주일학교 30년사 1967~1997》(서울 : 대한예수교장로회 전국주일학교연합회, 1997), 40-61.
10) 이 외에도 한춘기는 장로교(합동) 기독교교육의 역사를 김득룡의 시대 구분에 따라 해방 이후에서 1960년까지를 복구기(6.25 한국전쟁-1960년), 반성기(1960-1970년), 정돈기(1970-1994년), 도약기(1994-1999년)로 나누고 있다.

그런가 하면 장로교 통합측의 기독교교육사를 다룬 고용수는 장로교 통합측의 기독교교육을 7단계로 나누어 설명하였는데, 제1기인 '여명기' 는 알렌이 입국한 1884년부터 1905년 이전으로, 처음으로 주일학교가 생겨난 시기이고, 제2기인 '준비기' 는 선교연합공의회(Federal Council of Mission) 내에 주일학교위원회가 선교사들을 중심으로 결성되어 조직적 주일학교운동이 세계주일학교연합회와의 유대 속에 펼쳐지기 시작한 시기이며, 제3기는 '개화기' 로 1922년 조선주일학교연합회가 결성되면서부터 여름성경학교, 확장 주일학교, 교재 출판 등의 운동이 활발히 전개되던 시기라고 하였다.[11] 제4기는 '암흑기' 로 1930년 후반으로 오면서 심해진 일제의 탄압이 조선주일학교연합회를 강제로 해체했고, 공과 출판 금지 등의 사건이 있었던 시기이고, 제5기 '재건기' 는 1945년 해방 이후 1947년 조선주일학교연합회가 활동을 재기하고 국제 기독교교육협회와 협력하에 세계 통일 공과를 출판, 보급하는 등 주일학교 연합운동에 새로운 활력을 불어넣었던 시기라고 하였다. 제6기는 '반성과 도약기' 로 1960년 이후 한국사회 변천에 따른 교회의 자기 반성과 함께 기독교교육 학자들이 각 교단 신학교와 기독교학교에 정착해서 기독교교육 이론을 소개하기 시작하고, 학문적 활동이 활성화되기 시작한 시기였다. 제7기는 '성장기' 로 1970년 이후 현재(1999년)까지 교단별 기독교교육의 이론 정립과 함께 교단별 커리큘럼 개발에 따른 교육자료들이 본격적으로 출판되었고, 또한 대학원 운영과 교육전문직이 제도

---

11) 고용수, "대한예수교장로회(통합)의 기독교교육사," 《한국 교단의 기독교교육사》, 95-96.

적으로 정착되어가는 시기라고 하였다.[12)]

3) 5단계 분류

본서는 위에 제시한 분류들을 바탕으로 하여 최초의 주일학교부터 20세기를 마감하고 21세기를 연 후 오늘(2008년)에 이르기까지의 한국 교회학교의 역사를 크게 다섯 시기로 분류해 보고자 한다. 제1기는 '태동기' 로 이 시기는 1885년 선교가 시작된 해를 기점으로 하여 1922년 조선주일학교연합회가 정식으로 발족된 해까지이다. 제2기는 '성장기' 로 연합회를 중심으로 여름성경학교와 확장주일학교, 교재 출판 등의 활발한 운동과 확장이 있었던 1922년부터 1930년까지이다. 제3기는 '위축기' 로 일제 강점하에 주일학교연합회가 강제로 해체되고, 공과 출판 금지 등 주일학교운동이 위축되었던 시기로 1930년대에서 1945년까지이다. 제4기는 앞의 여러 학자들이 공통적으로 말하고 있는 '복구기' 이다. 이 시기는 해방 이후 1960년까지로 조선주일학교연합회가 활동을 재개하고 공과를 출판, 보급하는 등 이전의 활동을 복구하는 시기였다. 제4기는 1960년부터 1995년까지로 '도약기' 이다. 이 시기는 각 교단별로 기독교교육 이론이 정립되고 독자적인 커리큘럼 개발과 교육 자료들이 본격적으로 출판되고, 신학교에 대학과 대학원 박사 과정이 개설되어 기독교교육 전문인들이 배출된 시기이다. 이와 같은 요소들을 바탕으로 기독교교육은 그 어느 시

---

12) 위의 책.

기보다 만개하고, 성장하던 시기라고 할 수 있다.

기존의 학자들이 성장기, 혹은 도약기로 마지막 시기를 정리하고 있는 것에 반하여 필자는 1995년 이후의 교회학교를 새로운 도전에 직면한 시기로 보고 이를 '재도전기'로 칭하고자 한다. 1995년 이후 한국의 교회학교는 개신교 교회 자체의 성장 둔화 현상과 동반되는 교회학교 침체 증후군을 나타내고 있다. 자세한 것은 아래에서 살펴보겠지만, 이 시기 한국의 교회학교는 교육의 전문성이나 교회의 교육적 투자 등에서는 사실 그 어느 시기보다 더 발전된 면모를 보였는지 모르나 이미 교회학교의 침체 증후군은 곳곳에서 나타나고 있다. 따라서 새로운 도약을 위한 재도전에 직면한 시기라고 할 수 있다. 그러면 아래에서 각 시기별 한국 아동 교회학교의 발자취를 따라가 보도록 하자.

2. 제1기의 교회학교 - '태동기'

1) 한국 최초 주일학교

정웅섭은 문서상으로 나타나는 한국 최초의 주일학교는 1888년 1월 15일 이화학당에서 스크랜튼 부인이 어린이 12명과 성인 여성 3명을 데리고 주일에 학교를 시작하였다는 기록이라고 하였다. 스크랜튼 부인은 이와 같은 서한을 미국의 선교본부에 보냈고, 이것이 문헌상으로 나타나는 최초의 주일학교라는 것이다.[13]

반면 한국 교회 초기 선교사였던 곽안련(Charles Allen Clark)

에 의하면 한국 최초의 공식적인 주일학교는 1890년에 시작되었다.[14] 그는 미국 장로교의 선교보고서 기록에 의거하여 한국의 '유년 주일학교' 는 1890년 서울의 한 '소년학교' 에서 43명의 참석 인원으로 시작되었다고 기록하고 있다. '소년학교(Boy-school)' 라 함은 소년들을 대상으로 하는 초등학교 수준의 학교로, 곽안련은 1885년 언더우드에 의하여 시작된 고아원 학교가 최초의 '소년학교' 였다고 기록하고 있다.[15] 소년학교는 현대식의 공교육이 없었던 당시 소수의 특권층 자제들만이 교육의 혜택을 누리던 상황에서,[16] 언더우드가 고아 소년들을 모아 가르치기도 하고 돌보기도 하면서 붙인 이름이라고 한다. 특기할 만한 것은 최초의 주일학교가 어떤 것이든 그것은 '학교' 에서 즉 교회 밖에서 시작되었다는 것이다. 영국의 주일학교가 최초에 교회 밖 킹 여사의 집에서 시작되어 교회 안으로 정착해 들어갔던 것과 같이 한국의 주일학교도 교회 밖에서 시작하여 교회 안으로 들어간 것이라는 점을 알 수 있다.

그런데 여기서 우리가 주목해 볼 것은 선교사 곽안련의 증언이다. 그는 1890년에 최초의 공식적 유년 주일학교가 소년학교 안에서 시작되었다고 했지만, 동시에 같은 책에서 그는 한국에서는

---

13) 정웅섭은 1888년 1월 15일 이화학당에서 스크랜튼 부인이 어린이 12명과 여성 성인 3명을 데리고 주일에 학교를 시작하였다는 서한을 미국의 선교본부에 보냈다는 점을 들면서, 이것이 문헌상으로 확인되는 최초의 주일학교라고 볼 수도 있다고 하였다. 정웅섭, "教育問題史的으로 본 韓國改新教 教會教育 100年 -主日學校를 中心으로," 《한신논문집》, 21.

14) 곽안련,《한국 교회와 네비우스 선교 정책》, 215. 〈평양지부 보고서〉, 1898, 7.

15) 정웅섭, "教育問題史的으로 본 韓國改新教 教會教育 100年 -主日學校를 中心으로," 《한신논문집》, 97.

16) Korea Repository Magazine (1892, 2): 37.

처음부터 교회마다 노인으로부터 유아들까지 모두 참석하는 주일학교가 있었다고 증언하고 있다.

"이 나라에서는 사역의 시초부터 교회마다 노인으로부터 유아들까지 모두 참석하는 주일학교가 있었다. 1907년까지는 조직적인 주일학교 사업이 별로 없었다. 이에 대해서는 좀더 지난 후 주일학교가 크게 발전했던 때에 가서 언급할 것이다. 그러나 주일학교는 항상 존재했다. '설교보다 가르침을 가일층 더 강조한다' 는 네비우스 박사의 원리에 따라 한국 태반의 지역에서 주일날 오후 내내 주일학교가 열렸으며, 설교가 있는 예배는 여건상 오후 2시에 드렸다. ……중략…… 건물을 사역에 맞추는 것이 아니라 그 반대로 공간에 맞추어 사역을 실시해야 했던 것이다. 한국 북부지방에서는 그에 대한 해결책으로 각 교회에서 주일날 세 번의 주일학교를 열었다. 오전 9시에는 어린이를 위한 주일학교, 10시 30분에는 남성을 위한 주일학교, 정오에는 여성을 위한 주일학교가 있었다."[17]

이 인용구절을 잘 살펴보면 한국의 교회에는 외국의 선교사들이 '소년학교' 안에서 '주일학교' 를 시작하고, 이것이 교회로 들어가 자리잡았던 형식적 주일학교의 형태가 나타나기 전에 이미 교회 안에 폭넓게 펴져 있던 교육의 형태가 있었음을 알 수 있다. 이미 "한국 태반의 지역에서 주일날 오후 내내 주일학교가 열렸으

17) 곽안련, 《한국 교회와 네비우스 선교 정책》, 198.

며" 라는 구절에서 이를 엿볼 수 있다. 그는 최초의 주일학교에 대한 언급에서도 이것을 강조하고 있다.[18)]

> "최초의 공식적인 주일학교는 43명의 참석 인원으로 1890년 서울의 소년학교에서 조직된 듯하다. 물론 이것은 미국의 주일학교처럼 반별로 조직된 유년 주일학교를 가리킨다. 우리가 앞에서 살펴보았듯이 그 이전에도 교회에 오는 사람은 누구나 다 사실상 주일학교에 오는 것이나 다름없었다. 사역의 많은 부분이 가르침이었던 것이다. 하지만 정식으로 조직된 주일학교는 아마도 이것이 최초일 것이다."

이러한 구절들로부터 우리가 발견하게 되는 것은 당시 미국식의 주일학교 형태가 들어온 것이 1890년이었고, 또 이것이 널리 파급되기까지는 시간이 걸려서 그가 위에서 말한 대로 1907년 이전까지는 조직적인 주일학교 사업이 별로 없었다는 것이다. 그런데 이미 한국 교회 안에는 '주일학교' 라는 말을 붙일 수 있을 정도로 '교육' 이 강조되는 활동이 있었다는 것이다. 이것이 의미하는 것은 한국 교회는 미국식의 '주일학교' 제도가 들어와 파급되기 이전에 이미 교육에 강하게 초점을 둔 '교육' 중심의 목회가 시행되고 있었다는 것이다. 그렇기 때문에 한국의 교회학교는 처음부터 '주일학교' 제도가 들어와 이식된 형태를 띠었다고 하기보다는 이미 형성된 교육적 환경 안에 '주일학교' 제도가 손쉽게 확산되

---

18) 위의 책, 215.

었을 것이라는 점을 짐작해 볼 수 있다. 한국의 교회는 아동을 대상으로 하는 서구식의 '주일학교' 라는 이름이 본격화되기 이전에 이미 '교육' 을 강조하는 활동, 즉 성경공부가 폭넓게 시행되었고, 이는 아동만을 대상으로 하는 것이 아니라 전교인을 대상으로 하는 전교회적 교육활동이었다는 점을 알 수 있다.

2) 주일학교의 발전과 연합회 활동

기록에 의한 최초의 주일학교가 '소년학교' 혹은 '이화학당' 에서 실시되었다고 하는 것은 한국의 주일학교도 영국의 경우와 비슷하게 교회 밖에서 시작되었고, 이것이 교회 안으로 들어와 어린이를 대상으로 하는 교육의 장으로 자리잡게 되었음을 암시하는 것이다. 곽안련이 제시하는 통계 자료에 의하면, 1936년까지 주일학교의 숫자가 당시의 통계 자료에 나타나는 교회의 숫자보다 많은 것을 볼 수 있다.[19]

이것은 주일학교가 반드시 교회 안에서만 이뤄졌던 것은 아니라는 증거이다. 소년학교를 비롯하여 당시 확산되었던 기독교 학교들도 '주일학교' 의 장이 되었음을 짐작할 수 있다.

어쨌든 그렇게 시작된 '주일학교' 는 교회 안의 어린이 교육을 담당하는 교육부서로 자리잡게 되었고, '주일학교' 라는 이름으로 아동의 교육을 담당하게 되었다. 1905년에는 주일학교 연합기구도 탄생하게 된다.[20] 한국에 있었던 여러 교단 선교사들이 연합하여

19) 위의 책.

1905년에 "개신교 복음주의 선교 공의회"(The General Council of Protestant Evangelical Missions)가 결성되는데, 이때 '주일학교위원회'가 그 안에 설치되었다.[21]

문동환은 이 주일학교위원회는 선교사 중심의 위원회로 주일학교 교육에 관심을 가지는 선교사간의 친목 및 그들이 필요로 하였던 통일공과 편찬을 목적으로 하였다고 기록한다.[22]

이 주일학교위원회는 1911년에 주일학교 사역을 보다 체계적으로 실시하기 위하여 초교파적인 대표 13인을 중심으로 "조선주일학교연합회" 운영위원회를 발족시켰다.[23] 운영위원으로는 복음주의 공의회 산하 6개의 선교회로부터 각각 한 사람씩, 장로교 총회로부터 4인, 감리교 협의회로부터 1인, 그리고 기독교서회의 1인으로 구성되었다. 한국의 주일학교운동은 이같이 처음부터 교파 연합적인 차원으로 이루어졌음을 알 수 있다.

동 위원회는 1911년에는 "세계주일학교연합회"의 재정적 도움을 받아 세계 주일학교 통일공과를 직접 출판하여 보급하였고, 1919년에는 계단공과까지 출판하게 된다. 곽안련은 "조선주일학교연합회"가 1915년과 1920년에 주일학교에 관한 규정들을 제시하였고, 이를 바탕으로 주일학교의 체제를 정비하는 시도가 있었다고 보고하고 있다.[24] 특기할 만한 것은 1915년을 기점으로 주

20) 문동환, "한국의 교회교육사(주일학교 운동 중심으로),"《한국기독교교육사》(서울: 대한기독교교육협회, 1973), 39.

21) 위의 글, 39.

22) 이들은 미국의 통일공과를 바탕으로 성경 이야기를 쉽게 쓴 "주일학교 공부(主日學校 工夫)" 라고 하는 교재를 편찬하여 보급하기도 하였다. 문동환, 위의 글.

23) 곽안련,《한국교회와 네비우스 선교정책》, 216이하.

24) 위의 책, 217.

일학교는 '확장주일학교(Extension Sunday School)'를 향한 움직임이 있었는데, 이것은 특별히 비기독교 마을에 복음을 전하는 전도활동에 초점을 두었다는 것이다. 확장주일학교란 주일학교 교사들이 주일학교가 없는 마을로 직접 가서 주일학교를 했던 형태로 복음이 전해지지 않은 마을에 복음을 전하는 좋은 수단이 되었다. 이 움직임은 후에(제2기) 보다 본격적으로 확산된다.

1921년에는 서울에서 최초의 전국주일학교대회가 개최되었다.[25] 전국 각 교단과 각지에서 온 990명의 회원이 참석한 가운데 열린 이 대회에는 "세계주일학교연합회"에서 파송된 대표도 참석하게 된다. 이 대회에 대표로 참석하였던 톰슨(J. V. Thompson) 박사는 대회 이후에도 6개월간 한국에 머무르면서 지방의 학교에서 가르치는 등 한국의 주일학교 교육 발전에 도움을 주었다. 1921년의 전국대회는 한국의 주일학교운동에 박차를 가하게 되는 계기가 되었다. 그 결과 1922년에는 기존의 '운영위원회'가 "조선주일학교연합회"로 개편되게 된다. 주일학교운동은 이제 교단의 대표들이 참여하는 운영위원으로서만이 아니라 명실공히 '한국주일학교연합회' 차원에서 이루어지게 된다.

제1기인 '태동기'의 특징은 한 마디로 한국에 교회학교가 시작되고 자리를 잡아가는 시기라고 할 수 있다. 이 시기에 미국의 선교사에 의해 시작된 '주일학교'가 한국 교회 안에서 아동을 대상으로 하는 교육기관으로 자리잡게 된다. 물론 앞에서 살핀 대로 한국 교회는 선교 초기 '교육 선교'의 관점에서 시작된 교육 중심적

25) 위의 책, 242.

활동으로 인하여 주일학교가 교회에 들어오기 이전부터 이미 어린이부터 성인에 이르기까지 모든 교인을 망라하는 교육적 체제가 자리잡고 있었고, 이와 같은 분위기는 주일학교가 빠른 속도로 확산되는 토양이 되었다. 초기의 주일학교운동은 연합회 활동을 통해 활발해졌는데, 연합회는 특별히 주일학교의 확산, 공과의 집필 및 보급, 교육방법의 보급 등에 기여하였다.

주목할 것은 정웅섭이 말한 대로 이 시기 주일학교는 무엇보다 문화 소외의 대상이었던 평민들과 부녀자들, 아동에게 글을 가르치고, 이들이 넓은 사회로 나올 수 있도록 기회를 주는 역할을 하였다는 점이다. 한국의 주일학교운동도 영국의 그것과 같이 사회적으로 교육의 혜택을 받을 수 없었던 사람들을 보살피는 인간 교육적 차원의 성격을 띠고 있었던 것이다.

3. 제2기의 교회학교(1922-1930년) - '성장기'

이 시기 조선은 일제의 강점 아래 있었지만 '주일학교' 차원에서는 활발한 활동이 있었던 시기라고 할 수 있다. 1919년에 일어났던 3.1운동이 정치운동으로는 실패했지만, 그 결과 '교육운동'으로 민족을 깨우치자는 소망이 나타났고, 그와 같은 분위기는 주일학교 지도자들에게도 영향을 미쳐, 주일학교 교육으로 민족을 깨우치자는 정신과 분위기가 형성되었다. 뿐만 아니라 1922년 정식으로 발족된 "조선주일학교연합회"는 "세계주일학교연합회"와 긴밀한 관계 아래 건설적인 활동들을 확대해나갔고, 그 결과 공

과 집필 및 보급이 보다 활발하게 이루어졌다.[26]

1922년에는 여름성경학교가 최초로 선천의 마포삼열 목사의 부인에 의해 시작되었고,[27] 1924년 이후에는 소위 '확장 주일학교' 제도가 도입되었다. '확장 주일학교' 란 주일 오후에 훈련된 주일학교 선생들을 선교사의 차에 태워 농촌에 풀어놓았다가 저녁에 다시 모아들이던 제도로 이 제도를 통해 전도가 일어났고, 많은 곳에 주일학교가 세워지는 결과를 낳았다.[28]

제2차와 제3차 전국주일학교대회가 각각 1925년과 1929년 서울과 평양에서 열렸고, 평양에서는 4,000여 명이 참여한 대규모 대회가 되었다. 곽안련의 보고에 의하면, 1929년 주일학교 학생과 교사의 수는 이미 25만 4,000여 명에 도달하였다.[29]

이 시기에는 국제 통일공과 시리즈가 보급되었고, 1927년부터는 계단공과들이 보급되었을 뿐만 아니라, 교사 훈련교재도 '아동심리학', '교수법', '조직', '성경', '지도력', '특수분야' 에 이르기까지 세부적으로 개발, 발간되었다.

교파를 초월했던 연합회 사업은 이 기간 중에 변화가 일어난다. "감리교 종교교육협회" 가 1928년에 독자적으로 시작되었고, 장로교도 1934년에 독자적인 교육부를 설치하게 된다.[30] "장로교 기독교교육부" 는 성경통신 과정을 운영하기 시작하였고, 여름성경학교 사업 및 암송공부 과정을 운영하면서 더 이상 미국의 도움을 받지

26) 위의 책, 243.
27) 구성서, "하기 아동성경학교 조선 유래," 《기독신보》, 1932. 5. 18.
28) 문동환, 《한국의 교회교육사(주일학교 운동 중심으로)》, 46.
29) 위의 글, 244.
30) 정웅섭, 《教育問題史的으로 본 韓國改新教 教會教育 100年 -主日學校를 中心으로,》 34.

않고, 한국 교회의 교단적 재정 지원으로 운영하기를 시작하였다.[31)]

주일학교운동이 초교파적 활동에서 교파적 활동으로 변하게 된 것은 꼭 부정적인 결과만을 가져온 것은 아닌 것 같다. 김득룡은 장로교 총회에 신설된 독자적인 기독교교육부가 자치적인 경비 조달을 가능케 했을 뿐만 아니라, 주일학교 공과위원회 운영, 주일학교 교사강습회, 교단 신학교에 기독교교육과정 신설, 외국의 주일학교연합회와의 협력사업, 교사부흥회, 하기성경학교 강습회 등의 사업을 활발하게 하였다고 보고하고 있다.[32)]

곽안련에 의하면, 장로교신학교에서는 이미 1922년에 종교교육과정 신설을 추진하였고, 이 과정에서 심리학, 종교교육 원리, 교수법, 종교교육 조직, 청소년 사역, 기독교 사회봉사 등의 과목이 설치되었다고 하였다.[33)]

문동환은 한국사회 자체는 사회 정치적으로 어려웠던 시기였지만 이 시기에 교회학교가 성장한 것은 일제하 어린이나 청년들이 따뜻한 대접을 받을 만한 곳이 교회밖에 없었기 때문이라고 하였다. 주일학교는 생의 서글픔과 민족의 고통을 위로받을 수 있는 위안처가 되었다는 것이다. 그러나 그는 이 시기 주일학교가 당시 한국의 정치, 경제, 문화적 상황에 관심을 갖지는 않았을 뿐만 아니라, 주일학교의 교재도 우리 민족의 특수성을 고려한 것이기보다는 미국의 것을 번역하여 사용한 것뿐이라고 비판하였다.[34)] 문동환의 이러한 지적에도 불구하고 한국의 주일학교는 이 시기 아동

---

31) 곽안련, 《한국 교회와 네비우스 선교 정책》, 247.
32) 김득룡, "한국장로교회의 주교교육 연구", 《신학지남》 vol.43 no. 2 (1976. 6): 8-12.
33) 곽안련, 《한국 교회와 네비우스 선교 정책》, 245.
34) 문동환, "한국의 교회교육사(주일학교 운동 중심으로)," 51.

과 청소년이 위로와 희망을 찾는 자리가 되었는데, 이 사실 자체가 이미 이 당시의 사회에 중요한 기여를 하였던 것으로 판단된다. 식민지시대에 사회적 무관심과 무교육에 방치되었던 어린이들이 성경을 배우고, 노래와 율동을 배우며, 따뜻하게 환영받을 수 있는 자리가 되었던 것은 주일학교가 교육적 차원으로나 아동복지 차원에서 당시 사회에 크게 기여하였음을 의미하며, 이것이 바로 교회학교가 높게 평가받아야 할 이유가 되는 것이다.

4. 제3기의 교회학교(1930-1945년) - '위축기'

일제 말기로 오면서 주일학교도 '위축기'를 맞게 된다. 일제는 아시아를 정복하려는 야욕을 드러내면서 한국에서도 신사참배와 황국시민 교육을 강요하였다. 1935년부터 강요된 신사참배가 한국 교인의 신앙의 순수성을 침해하더니 1938년에는 평양신학교가 문을 닫고 총회가 신사참배를 가결하도록 강요당했다.[35] 교회는 "조선기독교단"으로 강제통합을 당하고, 그와 같은 상황에서 장로교회도 믿음의 절개를 깨뜨리게 된다. 이와 같은 상황에서 1940년대의 교세 폭락 현상은 당연한 것이었다.

그와 같은 상황은 주일학교운동에도 직접적으로 영향을 미치게 되었고, 1938년에는 "조선주일학교연합회"가 강제로 해체되는 상황에 직면하게 되었다. 공과 출판 금지가 뒤따랐고, 주일학교운

35) 위의 글, 45.

동은 결정적으로 위축되었다.

5. 제4기의 교회학교(1945-1960년) - '복구기'

해방 후 1960년까지는 다시금 주일학교가 복구되는 시기였다. 이 시기 주일학교 최대의 과제는 일제의 학정으로 인해 무너졌던 교회학교의 옛 모습을 회복하는 일이었다.

무엇보다 먼저 주일학교연합회의 활동이 재개되었다. 이때 "조선주일학교연합회"는 "대한기독교교육협회"로 개명하게 된다.[36] 이와 같은 명칭 변경은 "세계주일학교연합회"의 경향과 맥을 같이하는 것으로, 1947년 영국의 버밍햄에서 개최되었던 대회에서 주일학교연합회, 곧 "The World Sunday School Association"은 "세계기독교교육협회", 곧 "The World Council of Christian Education"으로 명칭을 변경하게 되었다. 이미 그 이름에 나타나고 있는 바와 같이 동 회의는 주일학교라는 범위에 머물지 않고, 더 넓은 의미를 내포하는 '기독교교육'의 차원에서 이루어지는 교육 전반과 관련된 사업을 하겠다는 의지를 표명하였던 것이다. 엄요섭은 이와 같은 영향하에 다시 재개된 한국의 연합회도 "조선주일학교연합회"에서 "대한기독교교육협회"로 개명하게 되었다고 하였다.

과거의 주일학교연합회가 주일학교 하나만을 위한 연합회 활동

36) 엄요섭, 《韓國基督教 教育史 小考》, 25.

에 국한되었다면, 재건된 기독교교육협회에서는 학교교육, 청소년교육, 가정교육 등 다양한 분야로 활동 영역을 넓혀가겠다는 의지를 표명한 것이라고 할 수 있다.[37]

재건된 기독교교육협회를 통해서 이루어졌던 가장 중점적 활동의 하나는 공과의 재출판과 보급이었다. 이전에 사용하였던 세계통일공과가 재출판되었고, 동시에 계단공과를 집필하여 보급하고자 하는 노력이 실현되었다. 이 노력은 1960년에 완성되는 결실을 맺게 된다.

그와 같은 활발한 활동을 바탕으로 이 시기에는 교회마다 아동주일학교와 청소년 주일학교가 대성황을 이루었다.[38] 특별히 1950년대 후반에서 1960년대 초반은 주일학교의 재부흥기라고 할 수 있다.

6. 제5기의 교회학교(1960-1995년) - '도약기'

제5기는 1960년대 이후 1995년까지의 시기로 한국 교회 각 교단별로 전문화된 기독교교육이 전개된 시기라고 할 수 있다. 장종철은 감리교회의 기독교교육사를 회고하며 이 시기를 '전문화 시대' 라고 할 수 있다고 하였다.[39] 고용수도 이 시기를 전문화의 시기로 칭하였는데, 특별히 이 시기에 외국에서 유학을 마치고 귀국

37) 위의 책, 29.
38) 문동환, "한국의 교회교육사(주일학교 운동 중심으로)," 54.
39) 장종철, "한국 감리교회의 기독교교육사,"《한국 교단의 기독교교육사》, 71.

한 기독교교육학자들이 각 교단 신학교와 기독교학교에 정착해서 기독교교육 이론을 소개하기 시작하였다고 하였다.[40] 뿐만 아니라 이 시기에는 각 신학대학들에 '기독교교육학과'가 신설되었고, 또한 신학대학부설 기독교교육연구소들이 개설되어 학문적 활동이 뿌리를 내리기 시작한 때라고 할 수 있다.[41]

이와 같은 바탕 위에서 교단별로 기독교교육 이론의 정립과 함께 교단별 커리큘럼 개발이 본격적으로 이루어졌다. 각 교단의 총회 교육부에서는 공과 개발과 출판뿐만 아니라, 주일학교연합회와 함께 교사세미나와 성경학교 강습 등의 지도자 교육이 이루어졌고, 총회 차원에서는 교회학교에서 필요한 전문도서들을 출판하였는데,〈교육지침서〉로 시작하여 다양한 교육자료집과 주제집, 교육잡지, 연령별 교재 등을 출판하는 것으로 확대하였고, 그 어느 때보다 활발한 활동을 하였다.

통합측의 경우 "대한기독교교육협회"에서 교파 연합사업으로 편집, 출판되었던 통일공과(Uniform Lessons)를 사용하다가, 1970년에 처음으로《성서와 생활》을 기획하여 1972년부터 사용하게 되었다.《성서와 생활》은 1981년에《말씀과 삶》으로 개편되었고, 21세기를 맞이하는 2000년부터는《하나님의 나라-부르심과 응답》의 새 공과가 개발되어 현재까지 사용되고 있다.

---

40) 고용수, "대한예수교장로회(통합)의 기독교교육사,"《한국 교단의 기독교교육사》, 96.

41) 한국신학대학에서는 1962년 문동환 박사를 중심으로 기독교교육연구소를 개설하였고, 예장 합동측에서는 1964년에 명신홍, 차남진, 김득룡 교수를 중심으로 하여 기독교교육연구회를 조직하였으며, 통합측에서는 김형태, 김득렬, 주선애 교수를 중심으로 하여 연구 결과물들을 발표하여 오다가, 1977년에 장신대의 기독교교육연구원을 개원하였다.

이 시기에는 또한 '주일학교' 라는 명칭을 '교회학교' 로 바꾸고, 교회학교의 체제 변형이 모색되었다. 주일학교가 주일이라는 시간에 이루어지는 학교라는 좁은 개념이라면, 교회학교는 주일뿐만 아니라 교회가 주체가 되어 수행되는 모든 형태의 교육을 포괄하는 폭넓은 뜻을 내포하는 개념으로 인식되었다.

그렇게 볼 때 완벽하지는 않지만 이 시기는 그 어느 시기보다 교회교육의 전문화가 이루어졌던 시기라고 할 수 있다. 기독교교육 학자의 층이 점차 넓어지고, 이들이 신학교의 기독교교육과와 기독교교육연구원 등을 통하여 활발한 학문적, 실천적 연구를 하였다. 뿐만 아니라 신학교를 통하여 배출된 기독교교육 사역자의 층이 넓어졌고, 총회교육부를 통해 개발, 보급되는 교단별 공과도 그 어느 시기보다 전문화되었던 시기였다고 할 수 있다. 이 시기는 미국의 자료를 번역하거나 재구성하던 이전의 수준에서 탈피하여, 교단별로 교단의 특성과 한국사회의 상황에 맞는 교재를 개발하여 보급하게 되었다.

통계 자료는 이 시기까지 주일학교가 지속적으로 성장하는 성장곡선을 그리고 있는 것을 보여주고 있다. 장로교 통합측 총회 회의록에 나타난 교세의 수와 아동 숫자의 증감추이를 볼 때에도 1960년대 이후부터 1990년까지 지속적인 증가 추세, 가파른 상승곡선을 나타내고 있는 것을 확인할 수 있다. 같은 시간대에 통합측 교단 전체 교인 수도 가파른 상승세를 보이고 있는 것을 아래의 표에서 확인할 수 있다.

1964-1995년까지 통합측 교단 아동 수와 교인 수 추이[42]

	1964	1970	1975	1980	1985	1990	1995
아동 수	82,741	165,029	191,101	267,712	286,453	313,676	302,179
교인 수	552,679	532,020	696,893	1,115,548	1,477,740	1,867,416	2,105,004

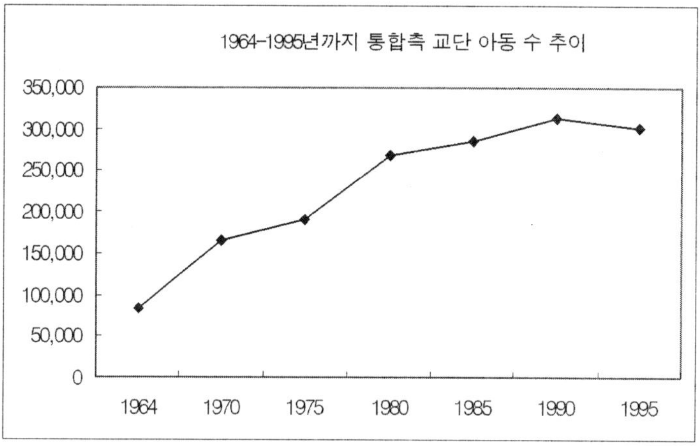

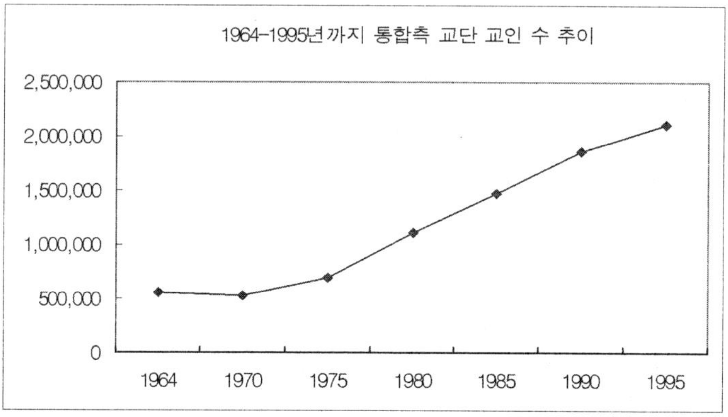

42) 해당 기간의 대한예수장로회 통합측 회의록을 기초하여 작성.

III. 한국 아동 교회학교 오늘

– '재도전기' 의 교회학교 (1995년 – 현재)

앞에서 살펴본 바와 같이 1960년대 이후 한국의 교회학교는 그 어느 시기보다 활성화와 전문화의 시기를 맞았었다. 그러나 그와 같은 조건들에도 불구하고 한국의 교회학교는 1995년을 기점으로 새로운 도전에 직면하였다. 개신교 교회의 성장 둔화가 서서히 시작되다가, 마이너스 성장으로 돌아서면서 이와 함께 교회학교도 수적으로 감소되는 현상이 나타난 것이다.

앞에서 살펴본 한국 기독교교육학회의 《한국 교단의 기독교교육사》에 글을 게재한 대부분의 기독교교육학자들은 책이 출판된 1999년 당시까지의 기독교교육적 특징을 '성장기', 혹은 '도약기', '전문화의 시기' 등으로 긍정적으로 평가하고 있었던 것을 볼 수 있다. 그러나 사실 이미 이 시기에는 개신교의 성장 둔화 현상과 동반되는 교회학교의 침체 증후군이 곳곳에서 나타나고 있었고, 이와 같은 성장 둔화 현상과 더불어 시작된 침체는 결국

1995년을 기점으로 감소 추세로 돌아서고 있었다.

1. 수적 정체

아래의 표에 나타난 대로 통계청에서 제시하는 자료는 지속적으로 증가하던 개신교 교인 수가 1995년을 기점으로 감소 추세로 돌아서고 있는 것을 보여주고 있고, 특별히 이 기간 동안 개신교 아동의 숫자는 더 가파른 하향곡선을 나타내고 있는 것을 보여준다. 비교를 위하여 1985년부터 10년 단위로 나타낸 전국 개신교의 교인 수 추이와 개신교 아동 수의 추이를 살펴보면 아래의 표와 같다. 아래의 표에 의하면, 1995년에서 2005년까지 10년간 한국 개신교 교인 수는 완만한 하향곡선을 그리고 있다. 동시간대에 개신교 아동 수도 하향세를 나타내고 있다. 그러나 여기서 주목할 것은 전체 개신교 교인 수의 감소라는 요인을 감안한다 하더라도, 아동 수의 감소는 더 큰 폭으로 떨어지고 있다는 사실이다.

전체 개신교 교인 수에 대한 전체 개신교 아동 수 비율[43)]

	1985	1995	2005
전체 개신교 교인 수	6,489,624	8,760,336	8,616,438
전체 개신교 아동 수	890,760	936,614	887,360
증감 %	13.72%	10.69%	10.29%

43) 통계청의 자료를 기초로 하여 작성.

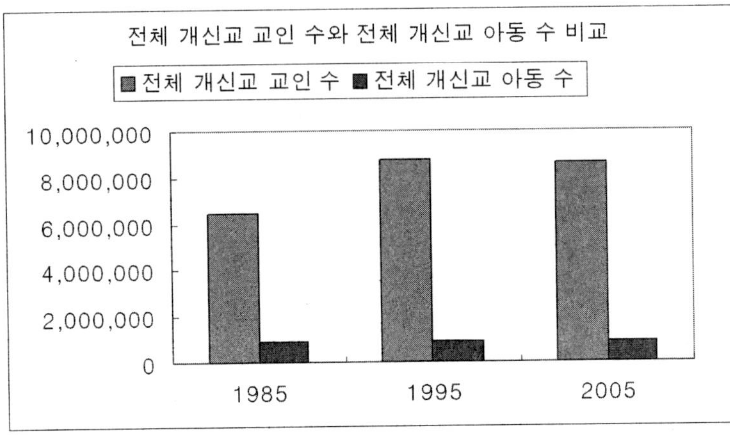
전체 개신교 교인 수와 전체 개신교 아동 수 비교
전체 개신교 교인 수
전체 개신교 아동 수
10,000,000
8,000,000
6,000,000
4,000,000
2,000,000
0
1985
1995
2005

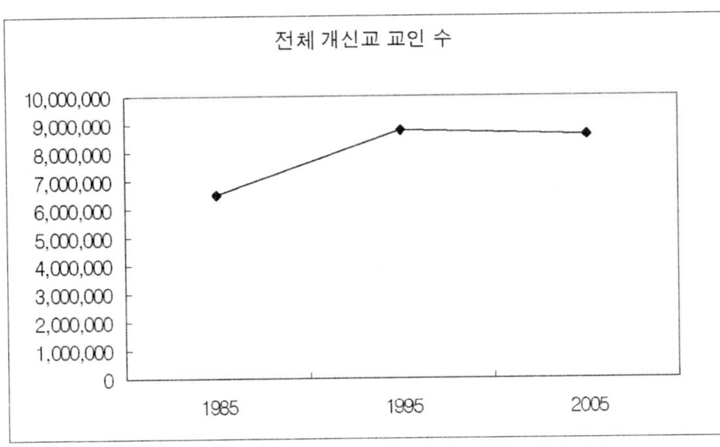
전체 개신교 교인 수
10,000,000
9,000,000
8,000,000
7,000,000
6,000,000
5,000,000
4,000,000
3,000,000
2,000,000
1,000,000
0
1985
1995
2005

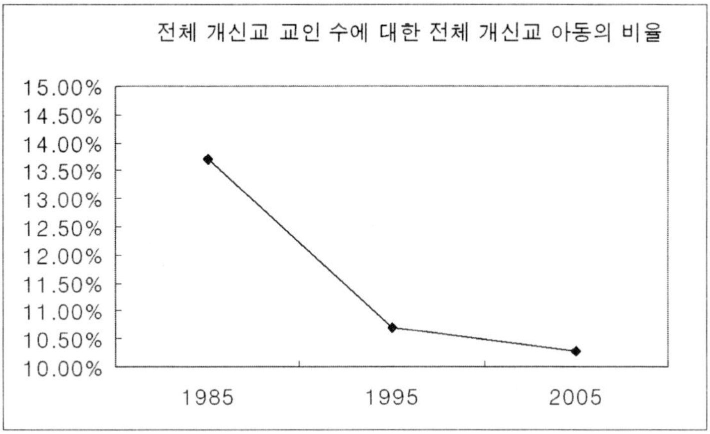

위의 표에서 보는 바와 같이 전체 개신교 교인 수의 감소에 비해 아동의 감소 추이가 더 가파른 것은 한국사회 전체에 나타나고 있는 출산율 감소로 인한 아동 절대인구 자체의 감소 현상 때문이기도 하다. 따라서 개신교 전체 아동 수의 감소 현상은 동시간대 한국 아동 인구 수 자체의 추이와 함께 비교해 보아야 한다. 아래 표는 1985년에서 2005년까지 20년간 전국 아동 수와 전국 개신교 아동 수의 증감 추이이다.

전국 아동 수 및 전국 개신교 아동 수 추이 비교[44)]

	1985	1995	2005
전국 아동 수	4,864,336	3,906,591	4,030,013
전국 개신교 아동 수	890,760	936,614	887,360
증감 추이(%)	18.31%	23.98%	22.02%

44) 통계청의 자료로 작성.

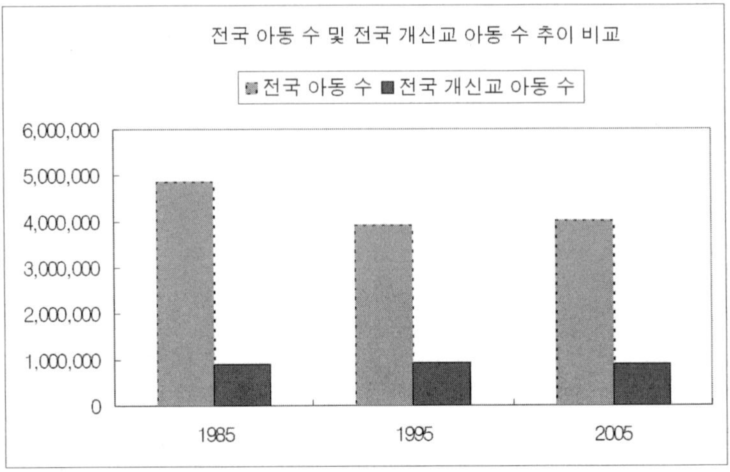

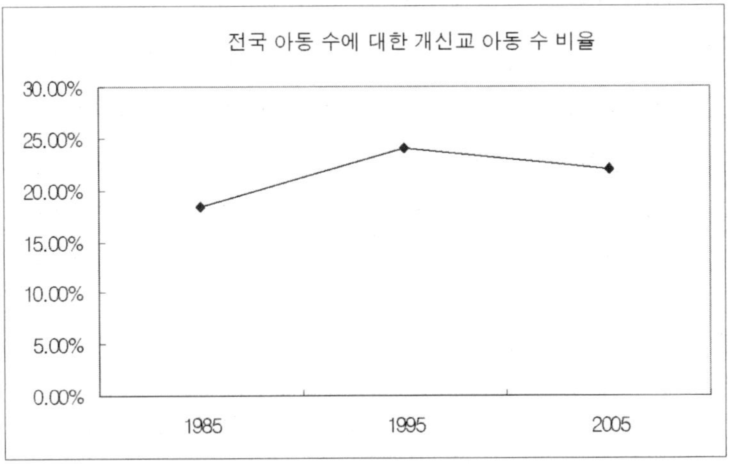

위의 표는 전국 아동 수의 정체 현상을 감안한다고 하더라도, 그에 차지하는 개신교 아동의 비율은 점점 감소하고 있다는 사실을 말해 준다. 1995년에 전국 아동 수는 10년 전인 1985년에 비하여 957,745명이 감소한 3,906,591명이다. 그럼에도 불구하고 개신교 아동 수는 오히려 증가하여 1995년 전체 아동 수의 23.98%

를 차지하는 936,614명이 되었다. 그러나 10년 후인 2005년에는 전국 아동 수가 다시 증가하였음에도 불구하고 개신교 전체 아동 수는 오히려 감소하여 전국 아동 수의 22.02%에 불과한 887,360명이 되었다. 다시 말하면 전체 아동 인구의 감소에 비교해 볼 때 개신교 아동 수는 훨씬 가파른 감소 추세를 나타내고 있다는 것이다.

그러면 통합측 교단의 아동 수 증감 추이는 어떠한가? 아래 표는 지난 10년간 통합측 교단의 교세 증감과 아동 수의 증감 추이를 나타낸 것이다.

지난 10년(1995-2005) 전체 통합측 교인 수에 대한 전체 통합측 아동 수 추이[45]

	교단 교인 수	교단 아동 수	증감 %
1995(81회)	2,105,004	302,179	14.35%
1996(82회)	2,191,395	298,274	13.61%
1997(83회)	2,188,209	269,244	12.30%
1998(84회)	2,207,966	270,620	12.25%
1999(85회)	2,245,326	263,898	11.75%
2000(86회)	2,283,107	277,523	12.15%
2001(87회)	2,328,413	265,024	11.38%
2002(88회)	2,329,002	261,940	11.24%
2003(89회)	2,395,323	267,873	11.18%
2004(90회)	2,489,717	271,235	10.89%
2005(91회)	2,539,431	269,911	10.62%

45) 해당 기간의 대한예수교장로회 통합측 회의록을 바탕으로 작성.

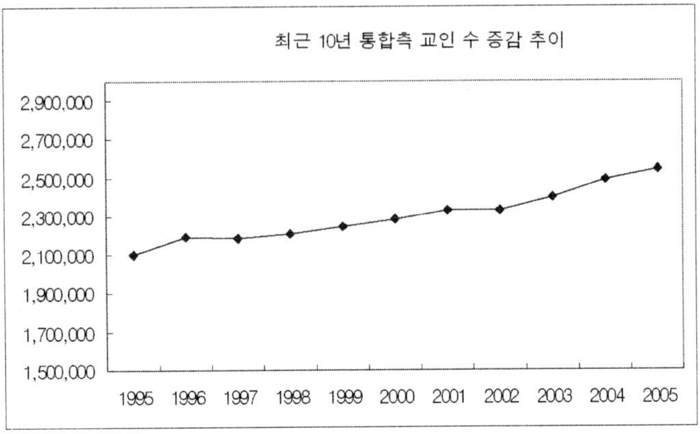
최근 10년 통합측 교인 수 증감 추이
2,900,000
2,700,000
2,500,000
2,300,000
2,100,000
1,900,000
1,700,000
1,500,000
1995 1996 1997 1998 1999 2000 2001 2002 2003 2004 2005

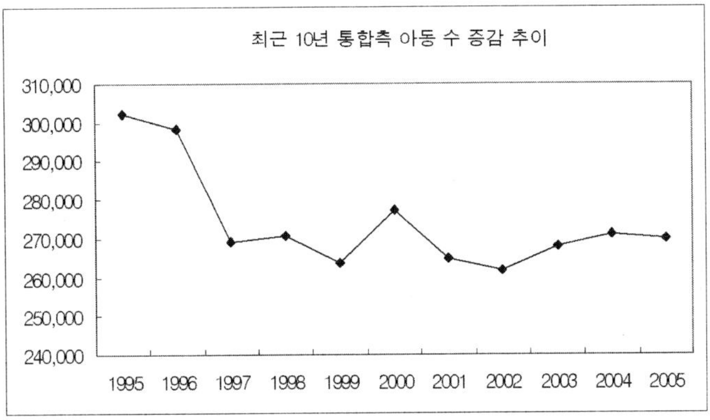
최근 10년 통합측 아동 수 증감 추이
310,000
300,000
290,000
280,000
270,000
260,000
250,000
240,000
1995 1996 1997 1998 1999 2000 2001 2002 2003 2004 2005

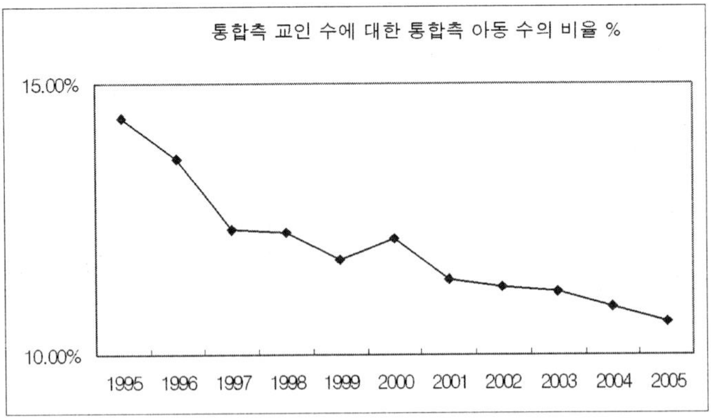
통합측 교인 수에 대한 통합측 아동 수의 비율 %
15.00%
10.00%
1995 1996 1997 1998 1999 2000 2001 2002 2003 2004 2005

위의 표에 나타난 증감 추이를 볼 때 무엇보다 먼저 눈에 띄는 것은 개신교 전체 교인 수가 감소하는 추세에 있음에도 불구하고, 통합측 교단의 교인 수는 완만하나마 지속적으로 증가하고 있다는 것이다. 또한 그와 나란히 눈에 띄는 것은 통합측 교단 교인 수는 지속적으로 증가하고 있는 반면 아동 수는 지속적으로 감소하고 있다는 것이다. 이것이 의미하는 것은 통합측 교단의 아동 교회학교는 모 교단의 성장 추이에 역행하여 감소 추이를 나타내고 있다는 사실이다.

이상과 같은 여러 가지 정황으로 볼 때 한국의 아동 교회학교 아동 수는 개신교 전체 속에서나, 통합 측 교단 안에서 모두 1995년을 기점으로 감소하고 있다는 점이 분명해진다. 이것은 물론 한국 기독교 인구 전체가 감소하는 현상과 맞물려 일어나고 있고, 또한 출산율의 감소로 인한 아동 인구 수의 감소 현상과도 맞물려 있다. 그러나 위에서 살펴본 바와 같이 그와 같은 현상을 모두 감안한다 하더라도 특별히 개신교 아동의 숫자는 더 큰 폭의 감소가 일어나고 있다는 점을 확인할 수 있다.

이와 같은 현상은 이 시점, 즉 한국의 교회학교가 커다란 도약기를 겪은 직후의 시점에서 맞는 거대한 도전이 아니라 할 수 없다. 한국 교회학교의 감소 추세는 더 이상 간과할 수준이 아니다. 우리는 지금 오늘날의 교회학교 침체 현상이 이제는 한국 교회학교가 성장의 꼭지점을 찍고 하락 혹은 노화의 과정에 접어든 것이 아니기를 바라는 마음으로, 무엇보다 먼저 1995년 이후의 급격한 감소 추세의 원인을 밝혀내야 하고, 감소 추세의 심도 있는 분석을 바탕으로 회복을 위한 대안을 마련하지 않으면 안 되는 시점에 서

있다는 사실을 직시해야 할 것이다.

2. 한국 아동 교회학교 침체 요인

이상에서 살펴본 바와 같은 한국 아동 교회학교의 침체 현상을 극복하기 위하여 우리가 무엇보다 먼저 해야 할 것은 침체의 요인을 발견해 내는 일일 것이다. 침체의 극복은 먼저 무엇에서 문제가 시작되었는지 그 요인을 발견한 후, 그 요인을 극복하는 것에서 시작되어야 할 것이기 때문이다. 따라서 이 장에서는 침체 요인을 다각적으로 접근하여 발견하고자 한다. 먼저 문헌 연구를 통해 그동안 많은 기독교교육 전문가들이 교회학교 침체 현상의 요인을 어떻게 분석하고 있는지 살펴볼 것이다. 그리고 이를 바탕으로 침체 요인에 관한 대략의 아우트라인을 잡아서 실제적으로 현재 기독교교육의 전문적 일에 종사하고 있는 기독교교육 교수 및 전문가들을 대상으로 인터뷰를 실시할 것이다. 이 인터뷰를 바탕으로 침체 요인에 관한 구체적 설문지를 작성한 후 아동 교회학교 사역자와 교사, 학부모, 아동을 대상으로 설문조사를 실시할 것이다. 이 세 단계를 통하여 아동 교회학교의 침체 요인을 분석한 후 아동 교회학교의 발전을 위한 방안을 모색해 보고자 한다.

1) 주일학교 침체 요인에 대한 해석들

지난 수년간 많은 기독교교육 전문가들이 교회학교의 침체 현상을 우려하면서 다양한 시각에서 주일학교를 진단하고 주일학교의 침체 요인을 분석하여 글로 발표한 바 있다. 이들을 간략하게 살펴보도록 하자.

1996년 장로회신학대학교 기독교교육 연구원은 "교회학교 성장의 정체 현상 진단 및 대안 정책 수립"이라는 제하의 교육정책 세미나를 개최하였다. 이 세미나에서 박상진은 교회학교 감소 요인 분석을 위한 설문지 조사를 바탕으로 아동 교회학교의 경우 '아동 인구 감소', '교역자, 교사의 열심 부족' '교회학교 프로그램 빈약' 이 감소의 가장 핵심적 요인이라고 진단하였다.[46] 같은 보고서에서 박봉수는 교회학교 정체 현상의 원인을 크게 두 가지로 분류하여 제시하고 있는데 근본적 원인과 부차적 원인이 그것이라고 하였다.[47] 근본적 원인은 다원화, 세속화, 개인주의화, 풍요화, 발전 및 성장 지상주의화와 같은 삶의 환경 변화적 측면이라고 할 수 있다면, 부차적 원인으로는 교수의 권위 상실, 전문화 실패, 비인간화로의 편승, 흥미 유발의 실패와 같은 삶의 환경 변화에 대한 교회학교의 부적응 현상을 들 수 있다고 하였다. 박상진이 보다 교회학교 내적 문제에서 침체의 원인을 찾고 있다면, 박봉수는 교회학교 외적인 요인 즉 시대-문화적, 환경적 요인과 그 요인에 대처하는 교회의 측면에서 원인을 찾고 있는 것을 볼 수 있다.

비슷한 시기에 "21세기 운동 어린이 선교위원회" 목사 김청호는 한국 교회학교가 맞고 있는 위기를 다음과 같은 세 가지, 즉 목

46) 박상진, "한국 교회학교의 성장 추이 분석,"《1996년도를 위한 교육정책세미나 자료집》(서울: 장로회신학대학교 기독교교육연구원, 1995), 55.
47) 박봉수, "교회학교의 정체 현상 원인 분석," 위의 책, 63-70.

회자의 목회관, 교육환경, 주일학교 운영이라고 하는 세 가지 차원의 요인과 관련시켜서 진단하였다:[48)]

① 목회자의 장년 중심 목회관

② 교육 환경의 위기: 오늘날 한국 교회의 교육 환경(교육 장소, 교육 과정, 교사, 교재, 가정)은 가장 어려운 때를 맞고 있다. 주일학교 담당 교역자와 교사가 전문성이 없다. 가정과의 연계가 없다.

③ 주일학교의 왜곡된 운영: 산만한 예배, 어린이의 상품화, 무계획적 교육, 흥미 위주의 프로그램 운영

김청호와 비슷한 시각에서 김만형은 교회학교 정체의 문제를 주로 교회학교 내적 요인을 통해 설명하였다. 1998년에 김만형은 다년간 교회학교 현장 전문가의 경험을 바탕으로《SS혁신보고서》를 출판하였다. 이 책은 당시 교육목사였던 그가 주로 교회학교 내적 측면에서 시도해 볼 수 있는 교회학교 개혁 및 부흥의 방안을 모색한 책이다. 이 책에서 김만형은 교회학교가 잘 되지 않을 수밖에 없는 구조적이고도 고질적인 요소를 다음 다섯 가지로 요약하고 있다:[49)]

① 시간 부족, 주일학교는 1주일 하루, 그것도 70분이 넘지 않는 시간만을 할당받았을 뿐인데, 질도 절대량이 있어야 가능하다.

48) 김청호, "주일학교 왜 위기를 맞고 있는가?,"《교회와 교육》(1995, 9): 80-83.
49) 김만형,《SS혁신보고서》, (서울: 규장, 1998), 25.

② 공간 부족, 한국의 주일학교 교육은 주일학교 교육을 위한 전용 공간 하나 제대로 확보되지 않은 열악한 환경이다.

③ 교육철학 부재, 교육철학은 단지 구색용이고, 액세서리일 뿐 주일학교 철학이 없이 눈대중으로 대충하는 교육 풍토이다.

④ 교육 투자 전무, 언제나 찬밥덩어리 주일학교, 세속교육의 열풍과 광풍 앞에서 속수무책이다.

⑤ 전문인 부재, 주일학교 교육담당은 단지 장년부를 맡기 위한 준비단계라고 하는 생각이 만연해 있다. 전문 사역자가 없다.

다섯 가지의 '부재', 즉 시간 부족, 공간 부족, 교육철학 부재, 교육 투자 전무, 전문인 부재로 표현되는 그의 분석은 한국의 아동 교회학교가 거의 태생적이고 고질적으로 교육과 관련한 다섯 가지 문제를 가지고 있고, 교회학교의 부흥은 이 다섯 가지 문제를 극복하는 것에 달려 있다는 것을 암시한다.

교사통신대학 "교회와 교육 시리즈 편찬위원회" 도 오늘날과 같은 한국사회, 즉 물질문명과 기술문명, 그리고 정보화 사회로 대표되는 현대사회에서 교회학교는 심각한 위기에 직면하여 있다고 진단하였다.[50] 동 위원회는 한국 교회학교의 위기가 다음 다섯 가지 요인으로부터 기인한다고 분석하였다.[51]

① 교회교육의 중요성에 대한 인식 부족

50) 교사통신대학 교회와 교육 시리즈 편찬위원회, "교회교육의 현실진단," 《삶을 새롭게 하는 교회교육》, (서울: 영문, 1999), 11-12.

51) 위의 글, 12-18.

② 전문성의 부족

③ 성장지상주의가 낳은 폐해: 성장 지향적 교육 정책으로 인해 교회교육은 점점 진지함을 상실했고, 연약한 사람들을 돌아보고 관심을 갖는 일을 외면하게 되었다.

④ 생활교육 및 지도 부족: 교회에 할당되는 짧은 교육시간으로 인하여 교회교육은 주로 지식을 전달하는 학습지도에 노력을 경주하게 되고, 생활교육으로까지 연결할 수 없다.

⑤ 교사 및 교역자와 학생들 간의 소원한 관계, 교회교육은 바른 가르침 이전에 바른 관계에서 출발해야 하는데, 오늘날 교사나 교역자의 자질 부족 및 사명감 부족으로 학생들과 전통적 사제관계라고 할 수 있는 사랑과 존경의 관계가 무너졌다.

동 위원회는 교회학교가 가지고 있는 일반적 문제, 즉 전문성 부족, 교회교육의 중요성에 대한 인식 부족을 문제로 보고 있지만, 이와 나란히 기독교교육의 기본적 방향의 차원도 문제로 보고 있다. 교회학교가 성장지상주의만을 지향하는 정책으로 인하여 진지함을 상실하고, 연약한 사람들을 돌아보는 일을 외면한 것, 생활교육에까지 연결되는 교육적 배려를 하지 못하고 있는 것, 그리고 교사와 학생들 간의 사랑과 존경의 관계가 무너진 것과 같은 문제들을 교회학교의 문제로 지적하고 있다. 저자는 침체를 단순히 수적 침체가 아니라 교회학교 교육의 질적 침체로 보고 있다.

파이디온 선교회의 대표인 양승헌도 오늘날의 교회학교는 수적 침체 현상만 아니라 교회학교의 본래적 기능을 잃어버리고 있는 현상이 더 심각하다고 진단하면서 주일학교의 기능을 막는 구조적 문제들이 있다고 하였다.[52] 그는 한국의 주일학교가 '학교구조', '교회를 장으로 하는 구조', '사실 이해를 중심으로 한 성경공부 구조', '목회와 교육의 이원화 구조', '어린이 교육 구조', '상식적 교육의 구조' 를 띠고 있다고 하였다. 이 구조들은 다음과 같은 이유에서 교회학교의 성장을 막는 걸림돌이 된다는 것이다:

① 학교 구조

학교의 구조는 '마음' 을 변화시키는 것이라기보다 '머리' 를 변화시키려는 데 있다. 그러나 예수님이 세우신 교회는 하나님을 한 아버지로 하는 가족 공동체이다.

② 교회를 장으로 하는 구조

신 · 구약을 막론하고 성경은 자녀의 믿음과 인격의 틀을 잡아주는 첫 번째 교육기관이 가정이라고 가르친다. 주일학교는 부모의 대체기능이나 경쟁하는 관계가 아닌 보완하는 관계이다. 교회학교는 부모의 마음으로 가르치지를 않는다.

③ 사실 이해 성경공부 구조

교회학교는 성경을 정보(information) 제공을 위한 책이 아닌 변화(transformation)를 위한 책으로 가르쳐야 하는데, 실제로는 정보 중심으로 가르친다.

④ 목회와 교육의 이원화 구조

목회는 전문사역, 교육은 평신도용 사역, 목회는 목사 전용사역, 교육은 아무나 할 수 있는 사역이라고 하는 이원론적 사고가

---

52) 양승헌, "어린이들이 외면하는 주일학교, 무엇이 문제인가?," 《교회와 교육》(2002, 여름호): 7.

목회를 교육과 분리하는 구조를 이룬다.

⑤ 어린이 교육 구조

주일학교 하면 어린이만 중심이 되는 것이라고 생각한다. 그러나 장년부 교육이 활발하게 이루어질 때 어린이도 좋은 교육을 받을 수 있다.

⑥ 상식적 교육 구조

비전문인이 교육을 담당하고 있는 구조

양승헌은 교회학교의 침체를 단순히 양적 침체로만 보는 것이 아니라, 교회학교의 본질과 기능의 측면에서 보면서, 한국 교회학교가 위기에 있음을 진단하였다. 그의 분석은 '무엇이 교회학교의 침체인가' 에 대한 통찰을 준다. 교회학교의 침체는 단순히 수적인 감소만을 의미하는 것이 아니다. 기독교교육적 기능을 잘 발휘하지 못하는 것, 어린이의 기독교적 변화와 형성에 영향력을 미치지 못하는 것이 침체인 것이다. 그런 의미에서 그와 같은 침체를 가져오는 교회학교 교육 구조의 문제는 침체의 결정적 요인이 되는 것이다.

박상진은 그의 "한국 교회학교의 위기 분석과 그 대책" 에서 한국 교회학교 학생 수 감소의 가장 근본적 원인으로 "포스트모던 시대가 되어서 사회문화적 환경은 포스트모던 경향을 띠고 학생들은 그 경향 속에 있는데 교회학교는 여전히 모던적인 특징을 고수하고 있기 때문에 오는 간격이라고 할 수 있다" 라고 하였다.[53)]

53) 박상진, "한국 교회학교의 위기 분석과 그 대책," 대한예수교장로회총회 교육자원부, 《2004 총회 어린이와 청소년의 해 교육지도자 대회 자료집》, 2004. 2. 26.

교회교육은 오늘날의 영상문화, 인터넷, 사이버 문화를 따라가지 못하는 소위 문화 지체(cultural lag) 현상을 빚고 있다는 것이다. 박상진은 이와 같은 현상이 다음과 같은 세 가지의 교회교육의 위기를 가져온다고 하였다.

① 무기력한 교회교육이다. 문화 지체 현상과 세대 간의 문화적 분리 현상은 교회학교를 쇠태의 길로 접어들게 하였다는 것이다.

② 지도력의 상실이다. 교사는 아직 전근대적, 혹은 근대적 가치관에 머물러 있다면 오늘의 학생들은 후기 근대적 가치관을 지니고 있어서 새로운 지도력과 권위가 요청되는데 그렇지 못하다는 것이다.

③ 한국 교회학교는 학교식 체제에 머물러 있는데, 이 학교식 체제는 근대적 인식론, 즉 객관주의적, 과학주의적, 개인주의적 인식론을 바탕으로 하고 있다. 이러한 인식론은 인격적, 상상적, 공동체적, 참여적 특성을 강조하는 새로운 인식론을 담보하지 못하고, 그런 의미에서 한계를 나타내고 있다.

위에 나타나고 있는 것처럼 박상진은 한국 교회학교의 위기를 무엇보다 문화적 분리현상에서 찾고 있다. 오늘날 한국 아동의 문화적 환경은 포스트모던적 환경에 있는데, 근대적 가치관에 머물러 있는 교사와 교회학교 지도자들이 아동과의 문화적 차이를 극복하지 못함으로써 교회학교의 무기력을 낳았다는 것이다.

김종준은 "주일학교 교육의 진단" 이라는 글에서 오늘날 한국 교회학교의 핵심적 문제를 다음과 같은 여섯 가지로 정리하고

있다.[54)]

① 사회 문화적인 환경 자체가 세속적이고 물질적이다.

② 교회교육의 목적이 분명하지 않다.

③ 교회교육의 방법이 현대사회 아동문화를 따라잡지 못하고 있다.

④ 목회자의 관심이 너무 장년 쪽에만 쏠려 있다.

⑤ 교육전도사의 리더십이 결여되어 있다.

⑥ 어린이만 모이게 하면 된다는 식의 교육 프로그램도 문제이다.

김종준이 제시하는 주일학교의 문제는 교육적 차원, 즉 교육 목적 부재, 방법의 비적절성, 교역자의 리더십 부족, 무분별한 교육 프로그램 운영과 같은 교육적 문제와 목회자의 관심 부족으로 대표되는 교회적 차원, 그리고 세속적인 사회문화적 차원이라는 세 차원의 가장 핵심적 문제라고 할 수 있다.

이상과 같은 고찰에서 무엇보다 먼저 발견하게 되는 것은 앞의 전문가들이 오늘날 한국 교회학교의 침체 현상을 단순히 수적 차원에서만 보고 있지 않다는 것이다. 양적 감소도 물론 한국 교회학교 위기에 결정적 요인이 되지만, 교육의 질적 차원, 기능적 차원에서도 그 영향력을 상실하고 있다는 것이 이들이 공유하는 판단이다. 오늘날 한국의 교회학교는 아동들의 가치관 형성, 생활교

54) 총신대학교 부설 기독교교육연구소, "주일학교 교육의 진단," 《교회교육과 지도자》 (2004).

육, 윤리의식의 형성, 삶의 변화 등에 큰 영향을 미치지 않고 있다는 것이 이들의 판단이다.

교회학교가 이처럼 양적, 질적 차원에서 침체와 위기를 맞고 있는 결정적인 요인으로 이들이 지적하고 있는 것들은 크게 세 가지 차원으로 정리될 수 있다.

첫째, **교육적 차원이다.** 교육적 차원에는 교사와 교육자의 문제(전문성, 사명감, 영성, 비전 등), 교육철학 및 교육목적 부재현상, 프로그램 운영의 비적절성, 교육방법의 비전문성, 비적합성 등이 속한다.

둘째, **교회적 차원이다.** 한국 교회 자체가 주로 성인 중심의 목회를 지향하고 있고, 교회학교의 중요성을 인식하지 못하는 것은 목회자를 비롯하여 교회의 리더십 전반에 나타나는 문제라고 하는 것이다. 그와 같은 문제는 결국 교회학교에 대한 연구 및 투자의 부재를 낳게 되었으며, 교회 차원에서 교회학교에 대한 중 · 장기 비전 및 계획의 부재를 낳았다. 교회의 교육적 구조 또한 교회학교의 침체에 영향을 주는데, 교회학교가 교회 안에서 하나의 고립된 '학교' 로 이해되고, 교회 전체를 교육의 장이라는 연결선상에서 이해하고 있지 않다는 것이다. 이 결과 교육과 목회의 이원화 구조가 나타났다. 이와 같은 구조적 문제는 교회학교가 제 기능을 발휘할 수 없는 걸림돌이 된다는 것이다.

셋째, **사회-문화적 차원이다.** 오늘날의 사회–문화적 환경 자체가 세속적이고 물질적이어서 이와 같은 요인들은 교회학교와 신앙교육에 걸림돌이 된다는 것이다. 뿐만 아니라 오늘의 아동들은 포스트모던적 문화의 영향을 받고 있는데 반하여 교회학교의 지도자들은 모던적 세계관에 머물고 있음으로 인한 관계적, 의사소통적, 교육 내용적 간극이 교회학교의 무력화에 원인을 제공하고 있다는 것이다.

2) 교회학교 침체 요인에 대한 전문가 인터뷰

위에서 고찰한 내용들을 확인하면서, 보다 구체적인 침체 요인 분석을 위해 본 연구는 특별히 현재 기독교교육의 이론과 실천 영역에 종사하는 전문가 집단을 대상으로 인터뷰를 실시하였다. 기독교교육학자(10명), 총회교육부 간사(5명), 교육목사(6명), 담임목사(7명), 아동부 교역자(5명) 등의 기독교교육 전문가 30여 명을 대상으로 교회학교 침체 요인을 묻는 인터뷰를 실시하였다.[55] 인터뷰에서 확인하였던 사항은, 인터뷰에 응했던 전문가들 모두가 예외 없이 오늘날의 아동 교회학교는 수적 측면에서만이 아니라 교회학교가 아동에게 미치는 영향력의 측면에서도 침체 현상을 감지한다고 대답하였다.

한국 교회학교 침체 요인 분석을 위한 전문가 집단의 인터뷰를 통해 무엇보다 먼저 얻게 된 것은 이들 전문가들도 하나같이 아동 교회학교의 침체가 단순히 교회학교 자체의 문제만은 아니라고 생각한다는 것이었다. 이들은 교회학교 침체의 문제는 교회학교 내적 문제뿐만 아니라 교회학교 외적 문제와 서로 맞물려 있는 문제라고 보고 있었다. 이들은 물론 교사와 교역자의 전문성, 교회

55) 인터뷰 설문자료 부록에 첨가.

학교의 프로그램, 교육의 방법과 커뮤니케이션 방식 등과 같은 교회학교 내부의 교육적 문제가 교회학교 침체의 원인이 된다고 지적하고 있다. 그러나 이들은 그와 나란히 교회학교 아동이나 학부모들이 세속적, 물질적 문화의 지배 아래에 있고, 그와 같은 문화를 기반으로 하는 세속교육의 영향을 지배적으로 받고 있는 점이 오늘날 아동 교회학교가 정체되는 핵심적 요인이라고 꼽고 있다. 세속적 가치관의 영향은 부모에게 영향을 미치고, 이는 그들의 사회적 관심이 교회학교에 대한 관심을 압도하게 하였고, 결국 교회학교나 신앙교육을 경시하게 하는 태도를 형성하게 한다고 보고 있다. 그 결과 부모의 지원 없이 어린이들이 교회에 참여하는 시간은 줄어들 수밖에 없고, 의미 있는 프로그램을 시도하는 일조차도 어려울 만큼 시간적 제약을 받으며, 따라서 교회학교가 아동에게 미치는 영향은 점점 줄어드는 악순환에 빠지게 된다는 것이다.

또한 교회학교는 모체인 교회로부터 결정적으로 영향을 받을 수밖에 없는데, 오늘날 전반적으로 교회의 영적인 힘이 저하되었고, 영적 영향력을 잃음에 따라 그와의 연장선상에서 교회학교도 침체될 수밖에 없는 구조적 문제가 있다고 보았다. 성인목회가 고전을 면치 못하는 것이 아동 교회학교까지 영향을 미친다는 것이다. 그런 의미에서 교회학교의 부흥은 교회 자체의 부흥이 먼저 선행되어야 한다고 대답하고 있다. 뿐만 아니라 담임목사나 교회 자체가 목회 전체에서 '교회학교'는 부차적 중요성만을 갖고 있는 기관으로 인식하고 성인 위주의 목회를 이끌어나가는 것도 교회학교 침체의 중요한 요인이 된다고 대답하였다.

인터뷰에서 지적된 교회학교 침체의 다양한 요인들도 위의 저술들에 나타난 것과 같이 크게 세 부분으로 나눌 수 있다. 교육적 요인, 교회적 요인, 시대적- 문화적 요인이 그것이다. 인터뷰 대상자들이 대답한 각 영역별 요인들은 다음과 같다.

① 교육적 요인

- 비전문적 교역자
- 교역자가 아동 교회학교에 봉사하는 기간이 너무 단기간임
- 교사의 비전문성
- 교사와 교역자가 말씀에 대한 확신과 말씀과의 인격적 관계가 없음
- 교사의 영성 결여
- 교사와 교역자의 사명감 결여
- 교사 수급 자체가 어려움
- 교사와 교역자에 대한 훈련 프로그램, 계속교육이 없음
- 교회학교에 교육철학이 없음
- 교육철학 부재로 인한 교회의 교육 프로그램이 목적이 없고, 흥미 위주로 진행됨
- 교역자가 교회학교 교육에 대한 분명한 사명과 비전이 없어서 교사의 동기를 유발하지 못하고, 부모들로부터도 신뢰를 얻지 못하고 있음
- 교회학교가 세속적 가치관을 대응할 준비가 되어 있지 않음
- 교회학교가 세속적 교육에 대한 대안으로 분명한 가치관을 제시하지 못함

- 교회학교의 교육이 아동에게 흡인력이 없음
- 교회학교가 아동에게 흥미를 주지 못함
- 아동은 포스트모던 시대의 영향을 받고 사는데, 교회학교는 그에 상응하는 통로로 교육하고 있지 못함
- 교사와 학생의 의사소통 코드가 서로 맞지 않음
- 부모들이 신앙교육보다 세속교육을 중시함
- 부모들이 교회학교를 신뢰하지 못함
- 부모들이 아동에게 신앙적 영향력을 미치지 못함
- 아동이 교회학교에 할애하는 시간의 절대 부족으로 교회학교가 아동에게 영향을 미치지 못함
- 교회학교가 아동이 새로 와서 정착할 수 있는 전도와 양육구조의 취약성을 가지고 있음
- 교회학교의 체제와 프로그램이 사회 변화에 부응하지 못함
- 교재가 아동의 흥미를 끌지 못함
- 교회학교 예배가 역동적이지 못함
- 어린이 신학이 부재함

② 교회적 요인

- 담임목사의 성인 중심적 목회
- 담임목사의 교회학교에 대한 관심 결여
- 교회 자체의 영적 침체
- 교회 자체의 위기가 교회학교의 위기가 됨
- 교회가 보이는 것에는 투자하나, 결과가 금방 드러나지 않는

교육에는 투자하지 않음
- 교회가 교육에 대한 연구, 시설 등에 투자를 하지 않음
- 교회 자체가 현대인의 욕구를 채워 주지 못함
- 교회가 사회 속에서 실제적 영향력을 잃어버림
- 교회가 사회를 향하여 삶의 방향이나 윤리적 기준을 제시할 영향력을 상실함
- 교회의 지도력이 사회적 존경을 받지 못함
- 교회 자체의 사회적 평판이 나쁨
- 교회 자체가 너무 폐쇄적이고 변화를 하지 못함
- 목회자 다수가 사회의 정신적 리더 역할을 하지 못하고 있음
- 교회 간 격차에 따라 빈익빈 부익부 현상이 나타남
- 교회가 더 이상 복음적 신앙을 바탕으로 하고 있지 않음

③ 시대적, 문화적 요인

- 세속적이고 물질적 문화가 팽배하여 신앙교육 경시
- 세속교육 중시에 따른 교회학교 경시 경향
- 교회학교 아동이 사회적으로 그다지 매력이 있는 것으로 비쳐지지 않음
- 교회학교를 대치할 수 있는 요소들이 많이 생김, 레저, 스포츠, 인터넷, 게임 등
- 포스트모던적 시대의 특성이 영향을 미침
- 주 5일제 정착으로 인한 여가문화, 유흥문화
- 인터넷 등 아동의 시간을 빼앗는 것이 너무 많고, 오락문화가

발달되었음

- 교회학교가 학교나 학원에 우선순위가 밀림
- 세속적 가치관이 부모의 의식을 철저히 지배하고 있음
- 사회 전반에 만연한 입시 중심 교육 경향이 교회학교에 걸림돌이 됨
- 사회 전반으로 반기독교적 정서 형성

위와 같이 기독교교육 전문가들이 내놓고 있는 교회학교 침체 요인들은 교회학교의 침체가 단지 교회학교의 문제만이 아니라 교회 전반, 사회 전반의 문제와 맞물려서 생긴 문제임을 말해 준다. 이것은 불행하게도 교회학교 침체의 극복이 그다지 간단하지 않다는 것을 시사해 준다. 교회학교 침체가 단순히 교회학교 내부에서 시작되었다면 교회학교 차원의 극복 노력을 시도하면 되겠지만, 그것은 교회학교뿐만 아니라, 전 교회적, 전 사회 문화적 요인들과 내적으로 서로 얽혀 출현한 결과이기 때문에, 그것의 극복 노력 또한 모든 차원에서 이루어져야 한다는 것을 시사한다. 교회학교 침체의 극복은 전 교회적, 사회-문화적 차원에서 다각도로 시도되는 전방위적 노력을 요청하는 것임을 인정하지 않을 수 없게 되는 것이다.

Ⅳ. 교회학교 침체 요인과 부흥 방안에 관한 설문 조사

1. 연구 내용

앞에서 문헌 연구와 전문가 인터뷰를 바탕으로 정리한 침체 요인을 실제로 교회현장을 통해 확인하기 위하여 본 연구는 크게 세 그룹을 대상으로 침체 요인과 부흥의 방안에 관한 설문지 조사를 실시하였다. 첫째, 기독교교육 전문가 및 사역자, 교사 그룹. 둘째, 학부모 그룹. 셋째, 아동 그룹이 그것이다. 세 그룹 모두에게 다음과 같은 내용에 관하여 묻고 그에 나타난 침체 요인을 분석해 보고자 하였다.

첫째, 설문 대상들이 한국 아동 교회학교가 침체되고 있다고 느끼는지, 이들이 침체의 성격을 양적, 질적 차원 모두에서 느끼고 있는지를 묻고 이를 분석한다.

둘째, 교회학교의 침체 원인을 교육적, 교회적, 사회-문화적 영역으로 나누어 묻고, 이 세 영역과 관련된 세부적 침체 원인들을 분석한다.

셋째, 설문 대상을 권역별, 교회 크기별로 나누고 각 영역별로 나타나는 침체 요인을 비교 분석한다.

넷째, 침체 원인을 바탕으로 하면서 각 원인과 관련된 교회학교의 부흥 방안을 묻고 분석한다.

2. 연구 방법

한국 아동 교회학교의 침체 요인을 조사하기 위하여 전문가 및 교사, 학부모, 아동의 세 그룹을 대상으로 설문 조사를 실시하였다.

1) 조사 내용

전문가와 교사, 학부모, 아동의 세 그룹으로 나누어 특별히 교육적, 교회적, 사회-문화적 측면에서 침체의 요인을 조사하였고, 동 영역에서의 부흥 방안을 조사하였다.

〈표 1〉 설문 조사 내용

영역	문항내용
전문가, 교역자, 교사	1) 아동 교회학교의 수적 침체 여부에 대한 질문 2) 아동 교회학교의 영향력에 관한 질문 3) 교회학교 침체 요인 일반에 관한 질문 4) 교회학교 침체와 관련된 교육적 요인에 관한 질문 5) 교회학교 침체와 관련된 교회적 요인에 관한 질문 6) 교회학교 침체와 관련된 시대적-문화적 요인에 관련된 질문 7) 교회학교 부흥 일반에 관한 질문 8) 교회학교 부흥과 관련된 교육적 차원의 질문 9) 교회학교 부흥과 관련된 교회적 차원의 질문 10) 교회학교 부흥과 관련된 시대적-문화적 차원의 질문
학부모	1) 아동 교회학교의 수적 침체 여부에 대한 질문 2) 교회학교에 대한 만족도 3) 교회학교 불만족 원인 4) 교회학교에 대한 기대 5) 교회학교 자녀의 신앙 성장 기여 정도 6) 주 5일 근무제 실시에 따른 영향 7) 교회학교의 프로그램에 관한 질문
아동	1) 교회학교에 대한 아동의 선호도 2) 교회학교 출석이 싫은 이유 3) 교회학교 프로그램 중 좋은 것 4) 교회학교 프로그램 중 싫은 것 5) 좋아하는 교회학교 선생님 6) 친구 전도에 대한 조사 7) 놀토에 하고 싶은 것 8) 전도사님의 설교 선호도 9) 교회학교 선생님 선호도

2) 조사 방법

가. 조사 대상 및 표집 방법

본 연구의 조사 대상은 교사, 교역자 및 교육전문가 452명, 아동부 학부모 308명, 아동부 학생 376명으로 총 1,136명이다. 설문의 대상은 대한예수교장로회 통합측 교사, 교역자 및 교육전문가와 동 교단의 아동부 자녀를 둔 학부모 그리고 초등학교에 다니는 아동부 어린이다. 교회 규모와 교회가 속한 지역, 아동부의 규모 등을 고려하여 유층표집하였다. 50명 이하 규모의 교회 15%, 100명 이하 규모 교회 25%, 300명 이하 규모 교회 25%, 1,000명 이하 교회 15%, 1만 명 이하 5%, 1만 명 이상 5%로 배분하여 전국 50개 교회에서 유층표집하였다. 전체 대상에게 약 1,500부의 설문지를 배부하였고, 수거된 설문지는 총 1,195건이다. 그 중 잘못 표기하거나 불성실한 설문지 59부는 사용하지 못하고, 1,136부의 설문지가 사용되었다.

차 원	내 용
(1) 모집단	대한예수교장로회 총회 통합측 : 교사, 교역자 및 교육전문가, 아동부 학부모, 아동부 학생
(2) 조사기간	2007년 10월
(3) 표본 크기	교사, 교역자 및 교육전문가 452명, 아동부 학부모 308명, 아동부 학생 376명 총 1,136명
(4) 표본추출방법	유층표집
(5) 자료수집방법	자기기입식 설문지법

(1) 교사, 교역자 및 교육전문가

첫째 대상인 교사, 교역자 및 교육전문가 그룹은 아동부 교육전도사 및 파트타임 목사가 73명, 전임교육목사가 17명, 담임목사 16명, 기독교교육학자 및 전문가가 12명으로 총 452명이다.

이들 중 전문가를 제외한 교역자 및 교사들은 서울과 수도권 신도시 교회에 소속된 사람이 136명, 광역시 교회 소속된 사람이 115명, 중소도시 110명, 읍,면 단위의 농,어,산촌 교회 소속이 83명이었다.

교회 규모별로 살펴보면 50명 이하 교회 소속이 20명, 50-100명 이하 교회 소속이 73명, 100-300명 이하 소속이 114명, 300-1,000명 이하 교회 소속이 139명, 1,000-3,000명 이하 교회 소속이 53명, 3,000명 이상이 44명이었다. 이상과 같은 수의 분포는 총회의 통계 보고에 근거하여 교회 규모의 분포 비율에 따라 배정한 분포이다.

〈표 1〉 교사, 교역자 및 교육전문가의 배경 변인별 분포

변 인	설 명	빈도수	백분율(유효%)
직책	아동부 교육전도사 및 교육 파트타임 교육목사	73	16.9
	전임교육목사	17	3.9
	담임목사	16	3.7
	기독교교육학자 및 전문가	12	2.8
	교사	315	72.7

변 인	설 명	빈도수	백분율(유효%)
	합계	433	100.0
	결측값	19	
교사, 교역자의 거주 지역	서울	124	27.9
	수도권의 신도시	12	2.7
	광역시	115	25.9
	중소도시	110	24.8
	읍, 면 단위의 농촌, 어촌, 산촌	83	18.7
	합계	444	100.0
	결측값	20	
교사, 교역자의 출석 장년 수	50명 이하	20	4.5
	100명 이하	73	16.5
	300명 이하	114	25.7
	1,000명 이하	139	31.4
	3,000명 이하	53	12.0
	1만 명 이하	4	0.9
	1만 명 이상	40	9.0
	합계	443	100.0
	결측값	21	
교사, 교역자의 출석 아동 수	30명 이하	96	21.7
	70명 이하	101	22.8
	150명 이하	114	25.7
	300명 이하	47	10.6
	500명 이하	25	5.6
	500명 이상	60	13.5
	합계	443	100.0
	결측값	21	

변 인	설 명	빈도수	백분율(유효%)
* 교사 경력	1-5년	152	49.2
	6-10년	63	20.4
	11-15년	31	10.0
	16-20년	27	8.7
	21년 이상	36	11.7
	합계	309	100.0
	결측값	6	

* 표는 교사만 해당

(2) 학부모

둘째 대상인 학부모 그룹은 앞서 서술한 바대로 규모별로 유층 표집한 교회의 아동부 출석 어린이의 학부모들이다. 이들은 거주 지역별로 서울 및 수도권 신도시 학부모가 77명, 광역시 교회 소속이 83명, 중소도시 교회 학부모가 90명, 읍면단위의 농촌, 어촌, 산촌 교인이 58명으로 총 308명이다.

출석 장년 수의 규모별로 보았을 때 50명 이하 27명, 100명 이하 81명, 300명 이하 89명, 1,000명 이하 78명, 3,000명 이하 15명, 1만 명 이상이 28명이었다.

성별로는 남자가 105명, 여자가 202명이었고, 연령별로 보았을 때 29세 이하 5명, 34세 이하 19명, 39세 이하 103명, 44세 이하 116명, 49세 이하 47명, 50세 이상 16명이었다. 이와 같은 분포는 아동기 어린이의 연령 대비 자연스러운 학부모의 연령 분포라고 할 수 있다.

〈표 2〉 학부모의 배경 변인별 분포

변 인	설 명	빈도수	백분율(유효%)
거주지역	서울	70	22.7
	수도권의 신도시	7	2.3
	광역시	83	26.9
	중소도시	90	29.2
	읍, 면 단위의 농촌, 어촌, 산촌	58	18.8
	합계	308	100.0
출석 장년 수	50명 이하	27	8.8
	100명 이하	81	26.3
	300명 이하	89	28.9
	1,000명 이하	78	25.3
	3,000명 이하	15	4.9
	1만 명 이상	18	5.8
	합계	308	100.0
출석 아동 수	30명 이하	116	8.8
	70명 이하	72	26.3
	150명 이하	67	28.9
	300명 이하	11	25.3
	500명 이하	14	4.9
	500명 이상	28	5.8
	합계	308	100.0
성별	남자	105	34.2
	여자	202	65.8
	합계	307	100.0
	결측값	1	

변 인	설 명	빈도수	백분율(유효%)
연령	25-29세	5	1.6
	30-34세	19	6.2
	35-39세	103	33.7
	40-44세	116	37.9
	45-49세	47	15.4
	50세 이상	16	5.2
	합계	306	100.0
	결측값	2	
신앙생활 시작시기	모태	79	25.7
	초등학교	95	30.9
	중고등학교	46	15.0
	20대	40	13.0
	30대	33	10.7
	40대 이후	14	4.6
	합계	307	100.0
	결측값	1	

(3) 아동

세 번째의 설문대상인 아동 그룹은 앞서 서술한 대로 규모별로 유층표집한 교회의 아동부 출석 어린이들이다. 이들은 거주지역별로 서울 및 수도권 신도시 아동이 107명, 광역시 소재 교회 소속 아동이 95명, 중소도시 교회 아동이 91명, 읍면 단위의 농촌, 어촌, 산촌 교회 아동이 83명으로 총 376명이었다.

출석 장년 수의 규모별로 보았을 때 50명 이하 29명, 100명 이하 96명, 300명 이하 108명, 1,000명 이하 82명, 3,000명 이하 42명, 1만 명 이상이 19명이었다.

출석 아동 수로 보았을 때 30명 이하가 150명, 70명 이하 73명, 150명 이하 72명, 300명 이하 31명, 500명 이하 21명, 500명 이상 29명이다. 성별로는 남아가 157명, 여아가 217명이었다.

연령별로 보았을 때 1학년이 37명, 2학년이 51명, 3학년이 48명, 4학년이 72명, 5학년이 84명, 6학년이 82명이었다.

〈표 3〉 아동의 배경 변인별 분포

변 인	설 명	빈도수	백분율(유효%)
거주지역	서울	97	25.8
	수도권의 신도시	10	2.7
	광역시	95	25.3
	중소도시	91	24.2
	읍, 면 단위의 농촌, 어촌, 산촌	83	22.1
	합계	376	100.0
출석 장년 수	50명 이하	29	7.7
	100명 이하	96	25.5
	300명 이하	108	28.7
	1,000명 이하	82	21.8
	3,000명 이하	42	11.2
	1만 명 이상	19	5.1
	합계	376	100.0

변 인	설 명	빈도수	백분율(유효%)
출석 아동 수	30명 이하	150	39.9
	70명 이하	73	19.4
	150명 이하	72	19.1
	300명 이하	31	8.2
	500명 이하	21	5.6
	500명 이상	29	7.7
	합계	376	100.0
성별	남자	157	42.0
	여자	217	58.0
	합계	374	100.0
	결측값	2	
연령	1학년	37	9.9
	2학년	51	13.6
	3학년	48	12.8
	4학년	72	19.3
	5학년	84	22.5
	6학년	82	21.9
	합계	374	100.0
	결측값	2	

나. 조사 방법 및 기간

자료 수집을 위하여 구조화된 설문지를 개발하여 활용하였으며, 교회를 방문하여 설문조사 방식으로 이루어졌다. 조사 기간은 2007년 10월 7일부터 10월 28일까지 4주 동안 이루어졌다.

다. 분석 방법

설문조사를 통해 수집된 자료는 SPSS 12.0을 사용하여 다음과 같은 분석 절차를 거쳤다. 배경 변인별 응답자 분포를 알기 위해 기술 통계를 사용하였다

3. 연구 결과 I - 교역자, 전문가, 교사를 대상으로 한 교회학교 침체 요인과 부흥 방안에 관한 조사

1) 아동 교회학교의 침체에 대한 인식

(1) 수적 침체

교역자와 전문가 그리고 교사들이 아동 교회학교의 침체에 관하여 어떻게 인식하고 있는지를 살펴보기 위하여 먼저 이들에게 아동부 숫자가 감소되고 있다고 생각하는지에 관하여 물었다. 그 결과 교역자와 전문가들은 36.1%가 확실히 그렇다, 58.3%가 대체로 그런 것 같다고 대답하였고, 3.7%가 잘 모르겠다, 3.1%가 전혀 그렇지 않다고 답하였다. 다시 말하면 교역자와 전문가들의 94.4%가 아동 교회학교가 수적 침체에 있다고 보고 있다. 이에 반하여 교사들은 20.0%가 확실히 그렇다, 52.4%가 대체로 그런 것 같다, 12.4%가 잘 모르겠다, 13.0%가 전혀 그렇지 않다고 대답하였다. 전체의 72.4%가 침체되고 있다는 대답을 한 것을 보면 교

역자나 전문가에 비하여 수적 침체를 체감하는 정도가 약한 것을 알 수 있다. 전체적으로 78%가 침체되고 있다, 20.34%가 잘 모르거나 전혀 아니라고 답하였다.

이와 같은 결과는 현재 기독교교육에 직간접적으로 참여하고 있는 전문가나 교역자, 교사들이 전반적으로 한국의 교회학교가 침체되고 있다고 느끼고 있는 것을 확인하게 해 주는 것이다.

구 분	확실히	대체로	잘 모름	전 혀	결측값	합 계
아동부 교육전도사 및 교육파트타임교육목사	20 (30.8%)	40 (61.5%)	3 (4.6)	2 (3.1)		65 (100%)
전임교육목사	4 (23.5%)	12 (70.6%)	1 (5.9%)			17 (100%)
담임목사	8 (31.3%)	6 (43.8%)				14 (100%)
기독교교육학자 및 전문가	7 (50.0%)	5 (33.3%)				12 (100%)
교사	63 (20.%)	165 (52.4%)	39 (12.4%)	41 (13.0%)	7 (2.2)	315 (100.0%)
합계	102 (24.11%)	228 (53.90%)	43 (10.17)	43 (10.17)	7 (1.65%)	423 (100%)

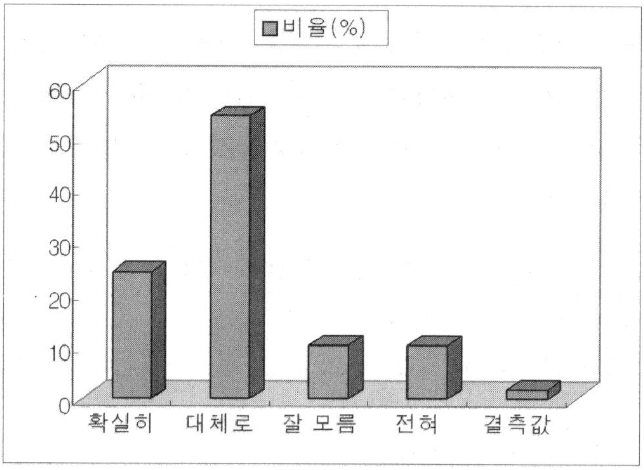

(2) 교회학교의 영향력

수적 침체에 대한 조사에 이어 영향력의 측면에서도 침체를 느끼고 있는지 알아보기 위하여 "한국 교회학교 교육이 아동에게 어느 정도로 긍정적인 영향을 미치고 있다고 생각하는가" 에 대한 질문을 하였다. 이 질문에 대하여 교역자와 전문가의 20.4%는 아주 많이 영향을 미친다고 대답하였고, 68.5%가 대체로 긍정적이다, 9.5%가 잘 모르겠다, 1.9%가 전혀 그렇지 않다고 대답하였다. 전체의 88.9%가 긍정적으로 영향을 미치고 있다고 보고 있는 셈이다.

교사들의 15.2%는 아주 많이 영향을 미친다, 70.9%가 대체로 긍정적이다. 12.6%가 잘 모르겠다, 1.3%가 전혀 그렇지 않다고 대답하였다. 교사의 83.5%가 교회학교가 아동에게 긍정적으로 영향을 미치고 있다고 대답하였다.

이와 같은 결과를 통해서 알 수 있는 것은 교역자와 전문가 그리고 교사들 모두 교회학교가 수적으로는 침체되고 있다고 생각하지만, 여전히 교회학교는 아동에게 긍정적으로 영향을 미치고 있다고 생각하고 있다는 것이다.

구분	아주 많이	대체로	잘 모름	전혀	결측값	합계
아동부 교육전도사 및 교육파트타임교육목사	11 (16.9%)	47 (72.3%)	7 (10.8)			65 (100%)
전임교육목사	5 (29.4%)	10 (58.8%)		2 (11.8%)		17 (100%)
담임목사	4 (28.6%)	7 (50.0%)	3 (21.4%)			14 (100%)
기독교교육학자 및 전문가	2 (16.7%)	10 (83.3%)				12 (100%)
교사	47 (14.9%)	219 (69.5%)	39 (12.4%)	4 (1.3%)	6 (1.9%)	315 (100.0%)
합계	102 (24.11%)	228 (53.90%)	43 (10.17%)	43 (10.17%)	7 (1.65%)	423 (100%)

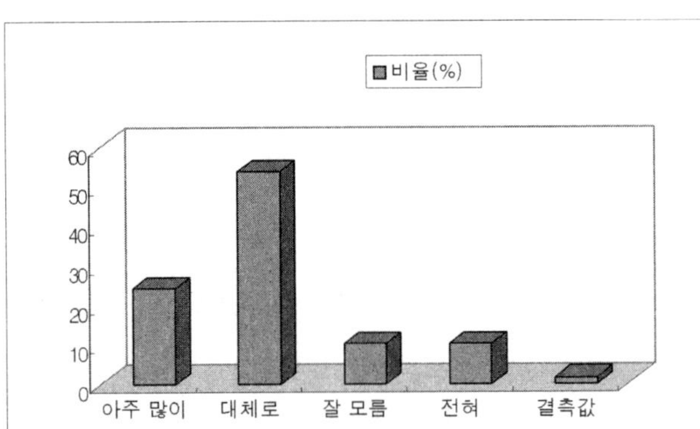

2) 한국 교회학교의 침체 원인에 관한 조사

본 연구는 교역자, 전문가, 교사 집단뿐만 아니라 학부모 집단에도 "한국 교회학교 아동부의 숫자가 정체 내지 침체되는 원인이 무엇이라고 생각하는지 묻고, 10가지의 예를 제시하면서 가장 중요한 것을 세 가지 고르라" 고 하였다.

이에 대하여 교역자들은 '교회학교 교사들의 문제', '목사, 전도사 등 교역자의 문제' = '신앙적 열정 저하', '입시 위주의 시대적 상황' 순으로 대답하였다.

학자 및 전문가들은 '교회학교 교사들의 문제', '목사, 전도사 등 교역자의 문제', '교회학교 부모들의 문제' = '신앙적 열정 저하' 순으로 대답하였다.

교사들은 '교육방법이나 프로그램의 문제', '신앙적 열정 저하', '주 5일 근무제의 확대로 인한 여가 선용' 의 순서로 응답하였다.

학부모는 '신앙적 열정 저하', '교육방법이나 프로그램의 문제', '입시 위주의 시대적 상황' 순서로 그 원인을 표시하였다.

재미있는 현상은 교역자나 기독교교육 전문가들은 교회학교 침체의 제1원인을 교회학교 교사에게서 찾고 있는 것에 반하여 정작 교사들 자신은 교사의 문제보다는 교육 프로그램이나 방법과 같은 다른 곳에서 제1원인을 찾고 있다는 것이다.

네 집단 모두에게 공통적으로 나타나는 것은 '신앙적 열정 저하' 의 문제이고, 교역자나 학자와 전문가는 '목사, 전도사, 교사' 등 교육과 관련된 인력에서 그 문제점을 찾고 있는 반면, 교사와 학부모는 교육의 방법론이나 주 5일 근무제, 입시 위주의 시대적 상황 등을 그 원인으로 지적하였다.

중복응답한 수를 직책과 침체 원인으로 교차분석하면 다음과 같다.

침체의 원인	교역자	기독교교육학자 및 전문가	교사	학부모
1. 목사, 전도사 등 교역자의 문제	44 (2위)	7 (2위)	48	62
2. 교회학교 교사들의 문제	47 (1위)	11(1위)	104	78
3. 교회학교 부모들의 문제	39	4 (3위)	70	72
4. 교육방법이나 프로그램의 문제	29	3	173 (1위)	138 (2위)
5. 교육시설이나 교육환경의 문제	37	1	106	95
6. 신앙적 열정 저하	44 (2위)	4 (3위)	126 (2위)	147 (1위)
7. 주 5일 근무제의 확대로 인한 여가 선용	22	2	118 (3위)	109
8. 입시 위주의 시대적 상황	40 (3위)	3	113	120 (3위)
9. 교회에 대한 사회의 부정적인 이미지 문제	11	1	52	49
10. 기타	1	1	11	6

3) 교사가 침체의 요인이 되는 경우

교사가 교회학교의 침체 요인이라고 보았을 때 교사의 어떤 점이 침체에 결정적 영향을 미치고 있다고 생각하는지에 대한 질문에 대하여 교역자와 전문가, 교사 모두 '사명감 및 열정 저하' (48.4%)를 가장 큰 요인으로 꼽고 있었다. 19.1%가 전문성 부족, 16%가 영성의 부족, 12.2%가 학생에 대한 사랑과 관심 결여를 꼽았다.

구 분	교육의 전문성 결여	영성 및 신앙심 부족	사명감 및 열정 저하	학생에 대한 사랑과 관심 결여	교사의 숫자 부족	합 계
아동부 교육전도사 및 교육파트타임교육목사	11 (15.9%)	6 (8.7%)	33 (47.8%)	16 (23.2%)	3 (4.3%)	69 (100.0%)
전임교육목사	2 (11.8%)	3 (17.6%)	10 (58.8%)	1 (5.9%)	1 (5.9%)	17 (100.0%)
담임목사	1 (6.3%)	2 (12.5%)	8 (50.0%)	4 (25.0%)	1 (6.3%)	16 (100.0%)
기독교교육학자 및 전문가	4 (33.3%)	2 (16.7%)	6 (50.0%)			12 (100.0%)
교사	62 (20.3%)	54 (17.7%)	146 (47.9%)	30 (9.8%)	13 (4.3%)	305 (100.0%)
합계	80 (19.1%)	67 (16.0%)	203 (48.4%)	51 (12.2%)	18 (4.3%)	419 (100.0%)

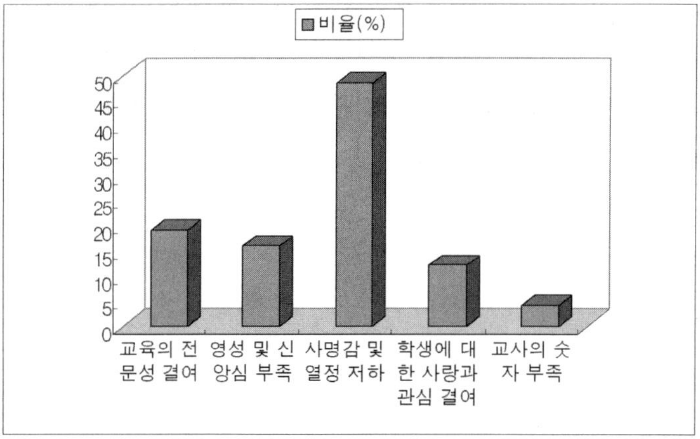

■ 지역별 구분

교사가 교회학교의 침체 요인이라고 보았을 때 교사의 어떤 점이 침체에 결정적 영향을 미치고 있다고 생각하는지에 대한 질문에 답한 대상들을 지역별로 다시 분석해 보면 아래와 같은 도표가 나타난다. 서울과 수도권, 광역시와 중소도시는 모두 현저하게 '사명감 및 열정 저하' 를 가장 핵심적인 교사의 문제라고 꼽고 있는 것에 반하여 눈에 띄는 것은 읍, 면 단위의 농촌, 어촌, 산촌의 응답자들은 '사명감 및 열정 저하' (27.50%)와 나란히 '교육의 전문성 결여' (27.50%)를 제1요인으로 꼽고 있다는 것이다. 이것이 뜻하는 것은 읍, 면 단위의 농촌, 어촌, 산촌의 응답자들은 자신이 속한 지역의 교사들의 교육 전문성 결여를 다른 지역보다 심각하게 문제점으로 인식하고 있다는 것이다. 이것은 한국 교회학교의 도시와 시골의 격차를 극명하게 나타내주는 증거라고 할 수 있다.

이것을 교회학교의 부흥을 위한 노력에서 고려한다면, 도시의 교회학교는 교사의 사명감 및 열정을, 농촌, 어촌, 산촌의 교사들에게는 그것과 나란히 교육의 전문성을 강화하는 것에 역점을 두어야 할 것이라는 점을 시사하는 것이다.

구분	교육의 전문성 결여	영성 및 신앙심 부족	사명감 및 열정 저하	학생에 대한 사랑과 관심 결여	교사의 숫자 부족	합 계
서울	13.79%	18.97%	56.03%	6.03%	5.17%	100%
수도권의 신도시	25%	25%	41.67%	8.33%		100%
광역시	18.75%	13.39%	50%	16.07%	1.79%	100%
중소도시	15.74%	14.81%	51.85%	13.89%	3.70%	100%
읍, 면 단위의 농촌, 어촌, 산촌	27.50%	18.75%	27.50%	16.25%	10%	100%
합계	18.46%	16.59%	47.66%	12.62%	4.67%	100%

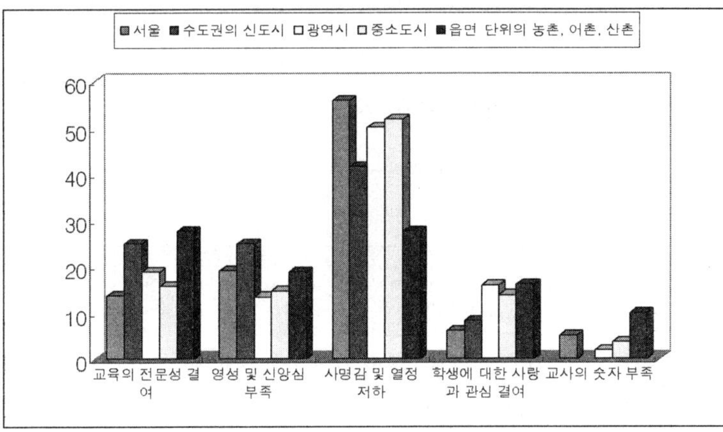

■ 출석 장년 수 구분

교사가 교회학교의 침체 요인이라고 보았을 때 교사의 어떤 점이 침체에 결정적 영향을 미치고 있다고 생각하는지에 대한 질문에 답한 대상들을 교회의 크기별로 다시 분석해 보면 아래와 같은 도표가 나타난다.

이 표에 따르면 교회의 크기에 크게 구애받지 않고 대부분의 응답자들이 교사의 제1문제점을 '사명감 및 열정 저하' 라고 대답하였다. 그러나 좀더 세부적으로 살펴보면 교회의 크기가 작아질수록 교사의 '교육 전문성 결여' 를 교사의 중요한 문제점으로 지적하는 빈도가 높아진다는 사실을 발견할 수 있다.

이것은 큰 교회일수록 교육 전문성을 가진 교사를 확보하는 일이 수월하고 작은 교회일수록 어렵다는 것을 간접적으로 나타내주는 것이다. 그런 의미에서 보면 전문성을 갖춘 교사의 확보라고 하는 측면에서 볼 때 큰 교회와 작은 교회간의 불균형이 나타나는 것을 볼 수 있다. 이러한 측면들은 교회학교의 부흥방안 모색에서도 차별적으로 고려되어야 할 요소임을 시사한다.

구분	교육의 전문성 결여	영성 및 신앙심 부족	사명감 및 열정 저하	학생에 대한 사랑과 관심 결여	교사의 숫자 부족	합 계
50명 이하	21.05%	10.53%	47.37%	21.05%		100%
100명 이하	19.72%	9.86%	54.93%	12.68%	2.82%	100%
300명 이하	23.42%	13.51%	49.55%	10.81%	2.70%	100%
1,000명 이하	17.29%	19.55%	40.60%	14.29%	8.27%	100%
3,000명 이하	7.84%	23.53%	60.78%	7.84%		100%
1만 명 이하	25%		50%		25%	100%
1만 명 이상	18.42%	21.05%	36.84%	15.79%	7.89%	100%
합계	18.50%	16.39%	47.78%	12.65%	4.68%	100%

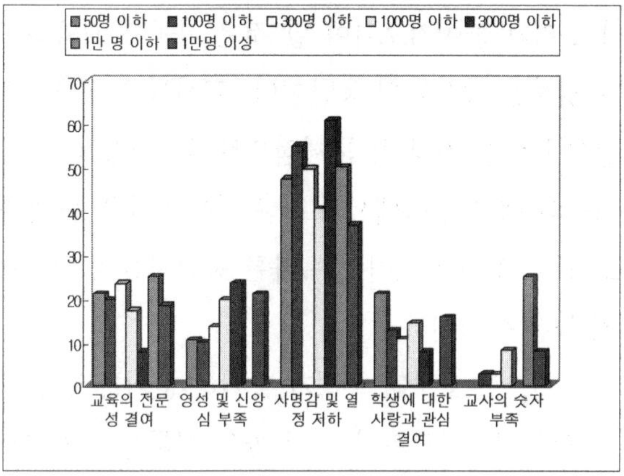

4) 전담교역자가 침체의 요인이 되는 경우

전담교역자가 교회학교의 침체 요인이라고 보았을 때 전담교역자의 어떤 점이 침체에 결정적 영향을 미치고 있다고 생각하는지에 대한 질문에 대하여 모든 집단에서 '전문성과 경험 부족'(32.3%)을 꼽았다. 21.1%는 해당부서에서의 짧은 사역기간을 문제로 지적하고 있다. 20.2%는 사명감 및 열정 저하로, 20.2%는 교사와의 협력 부족을 지적하고 있다. 이와 같은 결과는 한국 교회학교의 문제가 전담교역자에게 있다고 볼 때 전담교역자의 전문성과 경험 부족의 문제가 가장 시급한 극복의 과제라는 점을 말해준다. 또한 현재와 같이 한 부서에서 너무 짧게 일하고 쉽게 사역지가 바뀌는 것도 한국 아동 교회학교 발전을 저해하는 결정적 요인이라고 할 수 있다.

여기서 우리가 눈여겨보아야 할 것은 아동부 교육전도사와 가장 가깝게 일하는 교사들의 응답이다. 교사들은 교육전도사가 전문성과 경험 부족을 가장 큰 문제점으로 들고 있고(29.4%), 이와 아울러 이들의 해당 부서에서의 짧은 사역기간을 두 번째 문제점으로 들고 있다(23.1%). 이것은 다른 응답자들의 대답과 비교해 볼 때 가장 높은 수치이다.

이와 같은 응답으로부터 우리가 발견하게 되는 것은, 교사들은 현 아동부 교육전도사로부터 좀더 높은 전문성을 기대하고 있다는 것이고, 또한 이들은 한 전도사가 한 부서에서 사역하는 기간이 너무 짧다는 것을 큰 문제로 인식하고 있다는 것이다. 이들은 현장에서 학생들을 지도하고 교회학교의 운영에 참여하면서, 교육전도사의 잦은 이동이 교회학교가 발전하지 못하는 큰 걸림돌로 작용하고 있다고 느끼는 것이다.

구 분	전문성과 경험 부족	영성 및 신앙심 부족	사명감 및 열정 저하	교사와의 협력 부족	해당 부서에서의 짧은 사역 기간	합 계
아동부 교육전도사 및 교육파트타임교육목사	24 (32.9%)	2 (2.7%)	18 (24.7%)	14 (19.2%)	15 (20.5%)	73 (100.0%)
전임교육목사	6 (35.3%)		5 (29.4%)	3 (17.6%)	3 (17.6%)	17 (100.0%)
담임목사	8 (50.0%)	1 (6.3%)	4 (25.0%)	2 (12.5%)	1 (6.3%)	16 (100.0%)
기독교교육학자 및 전문가	9 (75.0%)		2 (16.7%)	1 (8.3%)		12 (100.0%)
교사	89 (29.4%)	23 (7.6%)	56 (18.5%)	65 (21.5%)	70 (23.1%)	303 (100.0%)
합계	136 (32.3%)	26 (6.2%)	85 (20.2%)	85 (20.2%)	89 (21.1%)	421 (100.0%)

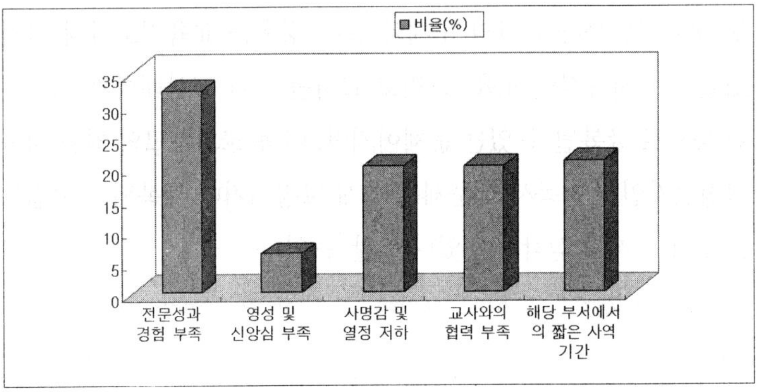

5) 담임목사가 침체 요인이 되는 경우

담임목사가 교회학교의 침체 요인이라고 보았을 때 담임목사의 어떤 점이 침체에 결정적 영향을 미치고 있다고 생각하는지에 대한 질문에 40.6%가 '아동부 교육에 대한 장기적 비전 부족' 을, 33.9%가 '성인 중심 목회에만 편중하는 경향' 을, 20.3%가 '교육전담자와 교사에 대한 지원' 을 지적하였다. 사실 첫 번째 요인과 두 번째 요인은 모두 아동부 교육에 대한 담임목사의 관심이 결여되어 있다는 점에서 공통점이라고 할 수 있다. 아래의 표는 이와 같은 사실을 응답자 중 담임목사들 스스로도 인정하고 있음을 보여준다.

아동부 교육의 최종적 의사결정권자인 담임목사가 아동부 교육에 대한 관심을 결여하고 있다는 것은 우리나라 아동 교회학교의 발전을 결정적으로 저해하는 심각한 요인이라고 할 수 있다. 아동부 교육전도사나 교사의 문제와 같은 경우는 교육전도사의 임기 조절이나 지속적인 교육, 그리고 교사를 위한 교사대학과 영성훈련 등으로 극복될 수 있는 문제이지만, 아동 교회학교의 최종 의사결정권자인 담임목사의 문제는 쉽게 교정되거나 극복되기 어렵다는 점에 문제의 심각성이 있다고 할 수 있다.

구분	아동부 교육에 대한 장기적 비전 부족	성인 중심 목회에만 편중	교육전담자와 교사에 대한 지원 부족	기타	합계
아동부 교육전도사 및 교육파트타임교육목사	37 (51.4%)	23 (31.9%)	11 (15.3%)	1 (1.4%)	72 (100%)
전임교육목사	3 (17.6%)	10 (58.8%)	4 (23.5%)		17 (100%)
담임목사	5 (31.3%)	7 (43.8%)	3 (18.8%)	1 (6.3%)	16 (100%)
기독교교육학자 및 전문가	6 (50.0%)	4 (33.3%)	2 (16.7%)		12 (100%)
교사	119 (39.4%)	98 (32.5%)	65 (21.5%)	20 (6.0%)	302 (100%)
합계	170 (40.6%)	142 (33.9%)	85 (20.3%)	22 (4.8%)	419 (100%)

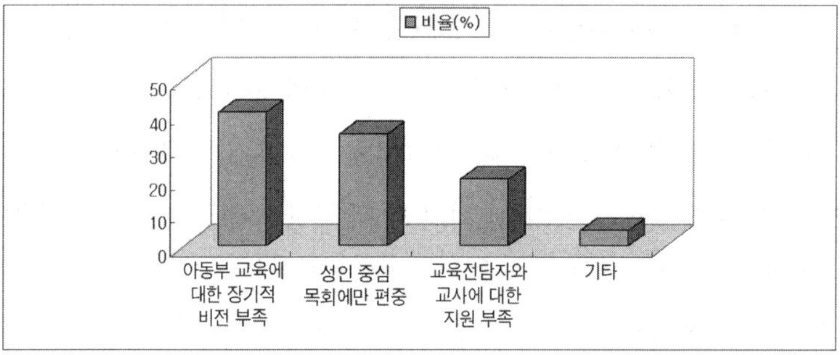

6) 교회 자체가 침체 요인이 되는 경우

교회 자체가 교회학교의 침체 요인이라고 보았을 때 교회의 어떤 점이 침체에 결정적 영향을 미치고 있다고 생각하는지에 대한 질문에 응답자의 가장 높은 비율에 해당하는 34%가 '예배나 전도에 비해 교육을 부차적인 것으로 인식하는 분위기' 를 꼽았다. 23.6%가 '중직자 및 의사결정권자의 아동 교회학교 경시 풍조' 를, 22.9%가 '교회학교에 대한 재정 및 인력 지원 부족' 을 지적하였다. 또한 19.3%가 '교회 자체의 침체된 신앙적 분위기' 를 지적하고 있다. 이와 같은 분포를 보면 모든 교회 자체의 요인들이 전체적으로 교회학교의 발전을 저해하는 요소들이 된다는 점을 알 수 있다.

이상과 같은 결과들을 요약한다면 교회 자체가 침체 요인이라고 볼 때 가장 결정적 요인은 교육을 중시하지 않는 전반적인 교회 분위기라고 할 수 있다. 예배나 전도에 비해 교육을 부차적으로 인식하는 분위기는 중직자 및 의사결정권자의 아동교회학교 경시 풍조와 내적으로 연결되고, 이와 같은 현상은 결국 교회학교에 대한 재정 및 인력지원 부족 현상으로 연결된다. 이 같은 문제는 앞에서 담임목사가 성인 중심의 목회를 하면서 아동 교회학교에 관심을 나타내지 않은 것과도 연결선상에서 이해될 수 있는 것이다.

구 분	교회 자체의 침체된 신앙적 분위기	중직자 및 의사결정권자의 아동교회학교 경시풍조	예배나 전도에 비해 교육을 부차적인 것으로 인식하는 분위기	교회학교에 대한 재정 및 인력지원 부족	합 계
아동부 교육전도사 및 교육파트타임교육목사	10 (13.9%)	21 (29.2%)	26 (36.1%)	15 (20.8%)	72 (100.0%)
전임교육목사	2 (11.8%)	7 (41.2%)	4 (23.5%)	4 (23.5%)	17 (100.0%)
담임목사	2 (12.5%)	2 (12.5%)	6 (37.5%)	6 (37.5%)	16 (100.0%)
기독교교육학자 및 전문가	4 (33.3%)	3 (25.0%)	4 (33.3%)	1 (8.3%)	12 (100.0%)
교사	64 (20.8%)	67 (21.8%)	104 (33.9%)	72 (23.1%)	307 (100.0%)
합계	82 (19.3%)	100 (23.6%)	144 (34.0%)	98 (22.9%)	424 (100.0%)

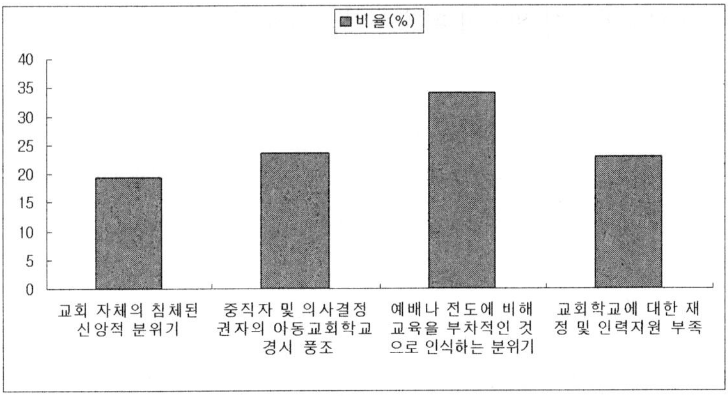

7) 부모가 교회학교의 침체 원인이 되는 경우

부모가 교회학교 침체 요인이라고 보았을 때 부모의 어떤 점이 침체에 결정적 영향을 미치고 있다고 생각하는지에 대한 질문에 모든 집단에서 하나같이 '교회학교보다 세상교육에 대한 관심 집중' (47.2%)을 첫 번째 원인으로 꼽았다. 또한 '자녀의 신앙교육에 대한 의지 및 중요성 인식 부족' (40.4%)을 또 하나의 중요한 원인으로 들고 있다. 이와 같은 점은 10%의 '부모의 신앙심과 영성 부재' 와 9%의 '교회학교에 대한 불신' 에 비해 월등하게 높은 비율을 차지하고 있다. 따라서 교회학교 침체에 관한 부모의 문제는 다른 무엇보다 '자녀의 신앙교육에 대한 인식 및 중요성 부족' 과 '교회학교보다 세상교육에 대한 관심 집중' 의 문제라고 할 수 있다. 이것은 부모가 교회학교 교육을 중시하지 않는 경향이 교회학교 침체의 근본 원인이 된다는 것을 말해 준다.

구 분	교회학교보다 세상교육에 대한 관심 집중	교회학교에 대한 불신	자녀의 신앙교육에 대한 의지 및 중요성 인식 부족	부모의 신앙심과 영성의 부재	합 계
아동부 교육전도사 및 교육파트타임교육목사	41 (57.7%)		28 (39.4%)	2 (2.8%)	71 (100.0%)
전임교육목사	3 (17.6%)		12 (70.6%)	2 (11.8%)	17 (100.0%)
담임목사	7 (43.8%)		7 (43.8%)	2 (12.5%)	16 (100.0%)
기독교교육학자 및 전문가	8 (66.7%)		4 (33.3%)		12 (100.0%)
교사	143 (45.8%)	9 (2.9%)	122 (39.1%)	38 (11.9%)	312 (100.0%)
합계	202 (47.2%)	9 (2.1%)	173 (40.4%)	44 (10.0%)	428 (100.0%)

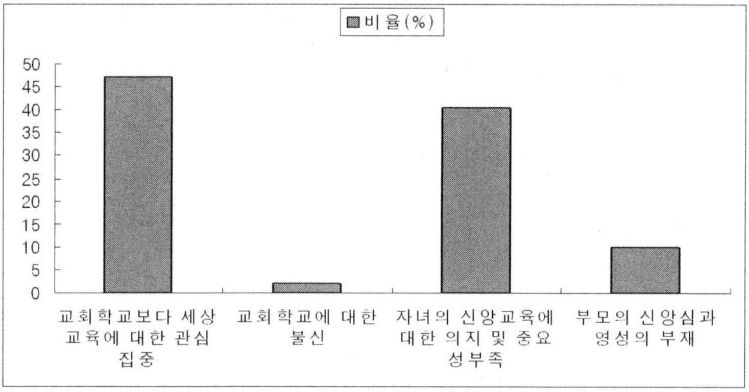

8) 교육 환경이 침체 요인이 되는 경우

교육 환경이 교회학교의 침체 요인이라고 보았을 때 교육 환경의 어떤 점이 침체에 결정적 영향을 미치고 있다고 생각하는지에 대한 질문에 다른 어떤 것보다 '교사 및 인적 자원의 부족' (39.1%)이 가장 큰 원인으로 지적되었다. 이와 같은 현상은 권역별 비교나 교회의 장년 출석 규모에 상관없이 동일한 경향으로 나타났다. 이것이 말해 주는 것은 오늘날 교사의 전문성에 관련된 문제에 앞서 교사 수급 문제 자체가 극복되어야 할 문제라고 하는 것이다. 그 외 21.9%가 비교육적 교육 환경을, 18.8%가 '재정의 부족' 을 들고 있다.

구분	재정의 부족	비교육적 교육환경	교육기자재 부족	교사 및 인적자원의 부족	교육시간의 부족	합계
아동부 교육전도사 및 교육파트타임교육목사	11 (15.3%)	24 (33.3%)		25 (34.7%)	12 (16.7%)	72 (100.0%)
전임교육목사	4 (23.5%)	6 (35.3%)		3 (17.6%)	4 (23.5%)	17 (100.0%)
담임목사	4 (25.0%)	3 (18.8%)		5 (31.3%)	4 (25.0%)	16 (100.0%)
기독교교육학자 및 전문가	1 (8.3%)	3 (25.0%)		6 (50.0%)	2 (16.7%)	12 (100.0%)
교사	61 (19.5%)	58 (18.5%)	20 (6.4%)	129 (41.2%)	45 (14.4%)	313 (100.0%)
합계	81 (18.8%)	94 (21.9%)	20 (4.7%)	168 (39.1%)	67 (15.6%)	430 (100.0%)

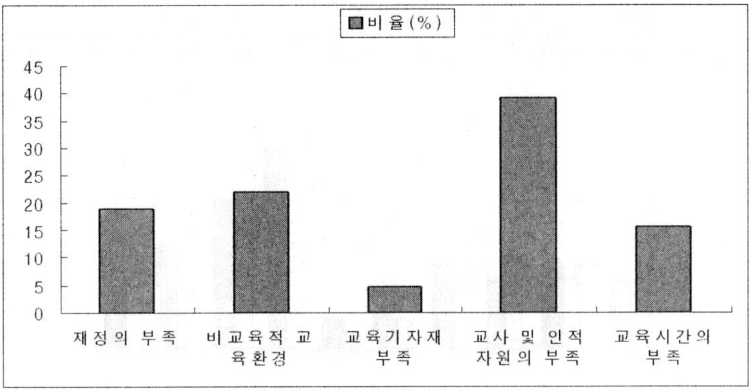

■ 지역별 구분

구 분	재정의 부족	비교육적 교육환경	교육기자재 부족	교사 및 인적자원의 부족	교육시간의 부족	합 계
서울	20 (16.3%)	28 (22.8%)	9 (7.3%)	46 (37.4%)	20 (16.3%)	123 (100.0%)
수도권의 신도시		2 (16.7%)	1 (8.3%)	6 (50.0%)	3 (25.0%)	12 (100.0%)
광역시	25 (21.7%)	32 (27.8%)	3 (2.6%)	37 (32.2%)	18 (15.7%)	115 (100.0%)
중소도시	18 (16.5%)	18 (16.5%)	1 (0.9%)	56 (36.6%)	16 (14.7%)	109 (100.0%)
읍, 면 단위의 농촌, 어촌, 산촌	18 (22.0%)	17 (20.7%)	6 (7.3%)	30 (36.6%)	11 (13.4%)	82 (100.0%)
합계	81 (18.4%)	97 (22.0%)	20 (4.5%)	175 (39.7%)	68 (15.4)	441 (100.0%)

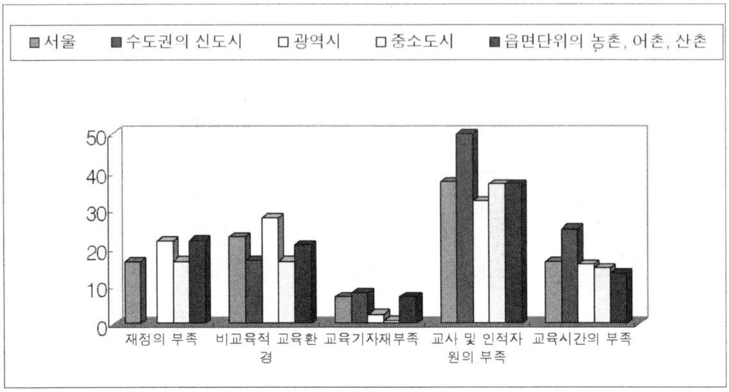

■ 출석 장년 수 구분

교육 환경을 교회학교의 주된 침체 요인으로 보았을 때 어떤 점이 침체에 결정적 요인이 되는지에 대한 질문에서는 위에서 보는 대로 교회가 속한 권역별로는 유의미한 차이를 발견할 수 없지만, 교회의 크기에 의한 분류에서는 유의미한 차이가 확인되었다.

아래의 도표에서 보는 바와 같이 교회의 크기가 작을수록 교사 및 인적 자원의 부족을 문제라고 지적하는 비율이 높았고, 상대적으로 큰 교회일수록 이를 문제로 지적하는 사람의 비율이 낮았다. 또한 재정의 부족을 문제로 지적하는 비율도 작은 교회일수록 높았고, 반면 큰 교회일수록 낮았다. 이것이 뜻하는 것은 큰 교회일수록 인적, 재정적 자원이 풍부하고, 작은 교회일수록 반대 현상이 나타나며, 이것은 그대로 교육 환경에 영향을 미친다는 것이다.

구분	재정의 부족	비교육적 교육환경	교육기자재 부족	교사 및 인적자원의 부족	교육시간의 부족	합 계
50명 이하	6 (31.6%)	5 (26.3%)	1 (5.3%)	4 (21.1%)	3 (15.8%)	19 (100.0%)
100명 이하	18 (25.0%)	10 (13.9%)	7 (9.7%)	28 (38.9%)	9 (12.5%)	72 (100.0%)
300명 이하	19 (16.7%)	23 (20.2%)	3 (2.6%)	50 (43.9%)	19 (16.7%)	114 (100.0%)
1,000명 이하	24 (17.4%)	29 (21.0%)	4 (2.9%)	62 (44.9%)	19 (13.8)	138 (100.0%)
3,000명 이하	11 (20.8%)	13 (24.5%)	3 (5.7%)	19 (35.8%)	7 (13.2%)	53 (100.0%)
1만 명 이하		3 (75.0%)			1 (25.0%)	4 (100.0%)
1만 명 이상	3 (7.5%)	14 (35.0%)	2 (5.0%)	11 (27.5%)	10 (25.0%)	40 (100.0%)
합 계	81 (18.4%)	97 (22.0%)	20 (4.5%)	176 (39.5%)	68 (15.5%)	440 (100.0%)

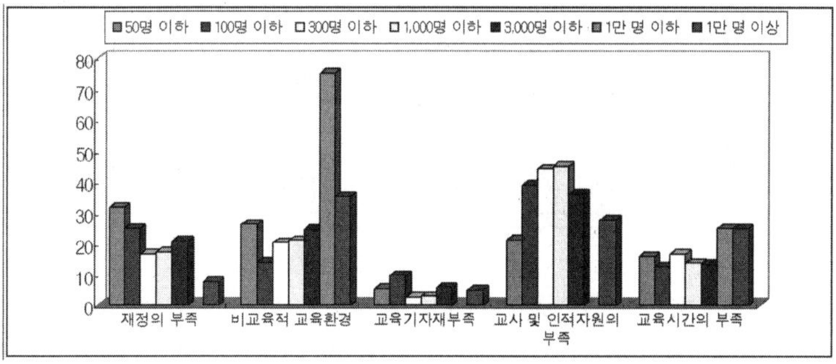

9) 시대 – 문화적 요인이 침체 요인이 되는 경우

시대-문화적 요인이 교회학교의 침체 요인이라고 보았을 때 시대-문화적 요인의 어떤 점이 침체에 결정적 영향을 미치고 있다고 생각하는지에 대한 질문에 조사대상의 58.2%가 '인터넷, 게임, TV 등으로 인한 교회학교에 대한 흥미와 관심 반감' 을 제일 큰 요인으로 지적하였다. 세속적, 물질적 가치관은 21.1%, '주 5일 근무제에 따른 놀이문화' 가 11.4%를 차지하였다.

구분	세속적 물질적 가치관	주5일 근무제에 따른 놀이문화	인터넷게임, TV 등으로 인한 교회학교에 대한 흥미와 관심 반감	입시지상 주의문화	합계
아동부 교육전도사 및 교육파트타임교육목사	20 (27.4%)	5 (6.8%)	40 (54.8%)	8 (11.0%)	73 (100.0%)
전임교육목사	7 (43.8%)	1 (6.3%)	7 (43.8%)	1 (6.3%)	16 (100.0%)
담임목사	5 (31.3%)		9 (56.3%)	2 (12.5%)	16 (100.0%)
기독교교육학자 및 전문가	2 (16.7%)	1 (8.3%)	7 (58.3%)	2 (16.7%)	12 (100.0%)
교사	57 (18.2%)	42 (13.4%)	188 (59.9%)	27 (8.6%)	314 (100.0%)
합계	91 (21.1%)	49 (11.4%)	251 (58.2%)	40 (9.3%)	431 (100.0%)

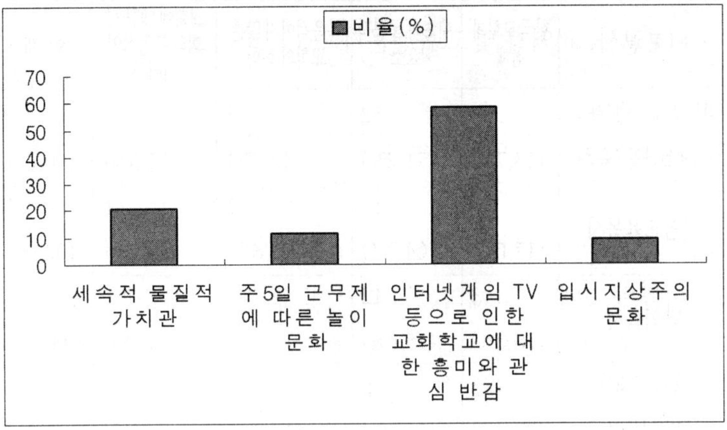

10) 한국 교회 자체가 직면한 문제가 침체 요인이 되는 경우

한국 교회 자체가 직면한 문제가 교회학교의 침체 요인이라고 보았을 때 어떠한 요인이 침체에 결정적 영향을 미치고 있다고 생각하는지에 대한 질문에 조사대상의 67.7%가 한국 교회에 영향을 미치는 '세속적, 물질적 요소' 라고 지적하였고, 그에 반해 '한국교회 자체의 침체' (15.4%)와 '교회에 대한 사회의 부정적 이미지' (12.1), '복음적이지 않은 교회의 신학' (4.8%)은 비교적 낮은 비율을 나타내고 있다.

응답자들은 한국 교회 자체가 다른 무엇보다도 '세속적, 물질적 요소' 의 영향을 받고 있고, 그와 같은 영향으로 인해 교회학교가 침체된다는 응답을 하였다. '세속적, 물질적 요소' 들이야말로, 어떠한 신학적 성향이나, 사회로부터 받는 평가보다도 교회학교를 위협하는 요소로 보고 있는 것이다.

구 분	한국교회의 침체	세속적 물질적 요소	복음적이지 않은 교회의 신학	교회에 대한 사회의 부정적인 이미지	합 계
아동부 교육전도사 및 교육파트타임교육목사	10 (13.7%)	52 (71.2%)	2 (2.7%)	9 (12.3%)	73 (100.0%)
전임교육목사	3 (17.6%)	11 (64.7%)	2 (11.8%)	1 (5.9%)	17 (100.0%)
담임목사	3 (18.8%)	12 (75.0%)		1 (6.3%)	16 (100.0%)
기독교교육학자 및 전문가	3 (27.3%)	6 (54.5%)	2 (18.2%)		11 (100.0%)
교사	46 (15.1%)	204 (67.1%)	14 (4.6%)	40 (13.2%)	304 (100.0%)
합계	65 (15.4%)	285 (67.7%)	20 (4.8%)	51 (12.1%)	421 (100.0%)

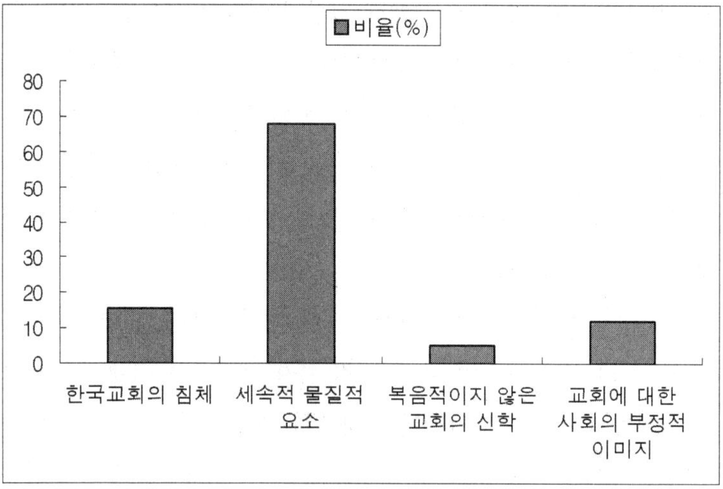

4. 교회학교 부흥 방안 - 교역자, 전문가, 교사 대상 조사

이상과 같은 침체 요인 분석에 연이어 본 연구는 교역자, 전문가, 교사 그룹에게 교회학교의 부흥 방안에 관한 설문 조사도 실시하였고, 설문 조사의 결과는 다음과 같다.

1) 교회학교 아동부의 부흥을 위해 시급하다고 생각하는 노력에 관한 조사

'교회 - 교육적 차원' 과 '시대 - 문화적 차원' , '신앙 - 신학적 차원' 의 노력 중 어느 차원이 가장 시급한가 하는 질문에 대하여 교역자, 전문가, 교사의 모든 집단에서 시대 - 문화적인 부분을 가장 시급하게 부흥을 위해 고려해야 할 영역으로 생각하였다. 자세한 수치와 내용은 다음과 같다. 시대 - 문화적 차원(44%) 〉 교회 - 교육적 차원(30.5%) 〉 신앙 - 신학적 차원(25.5%). 시대-문화적인 차원으로 제시된 요인은 세속적 가치관 및 문화, 주 5일제 근무에 따른 유흥문화, 인터넷, 게임, TV 등의 대체물 등장과 교회 안까지 침투한 물질적 가치관과 문화 등이다. 교회-교육적인 차원은 교사, 교역자, 교회학교의 교육시설, 교육방법의 전문성 재고 등을 포함한다. 마지막으로 신앙 - 신학적 차원에는 한국 교회 자체의 저하된 신앙적 열정, 교회의 타락, 영성 저하, 신학적 경향 등이 포함되었다.

교회학교 부흥을 위해서 설문 대상자들이 교육적 차원보다 시대-문화적 차원의 노력을 먼저 꼽고 있다는 것은 교회학교 부흥이 단순히 교육적 차원으로만 시도될 수 있는 것이 아니라, 폭넓은 시대-문화적 차원의 노력을 요하는 것이라는 점을 시사해 준다.

직 책	교회 · 교육적 차원	시대 · 문화적 차원	신앙 · 신학적 차원	합 계
파트타임 아동부교역자	24	27	16	67
전임교육목사	7	7	3	17
담임목사	3	8	4	15
기독교교육학자 및 전문가	5	6	0	11
교사	78	121	75	274
계	117(30.5%)	169(44.0%)	98(25.5%)	384(100.0%)

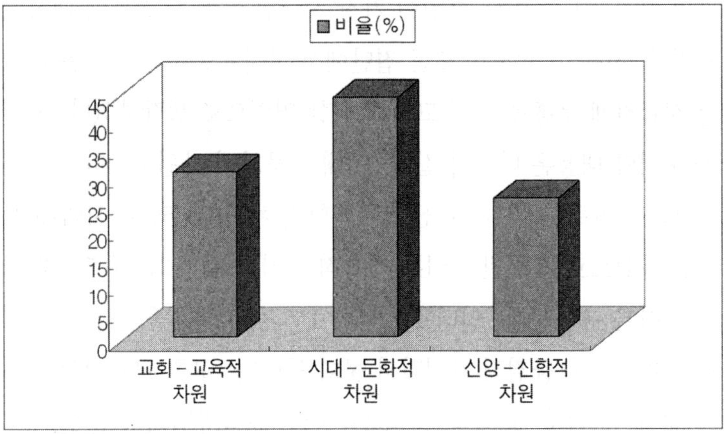

2) 교육적 차원에서 시도될 부흥을 위한 노력

부흥을 위해 교육적 차원에서 시도되어야 할 노력에 가장 중요하다고 생각하는 것을 세 가지 선택하는 질문에서 모든 응답자들이 '교사 차원에서의 변화' (71.2%)가 가장 중요하다고 응답하였고, 다음으로 '교회 자체의 변화' (52.2%)와 '교육 환경의 변화' (50.6%)를 선택하였다.

주목할 것은 교역자와 교사 전문가들이 모두 공히 '교사' 로부터 부흥을 위한 노력이 시작되어야 한다고 보고 있다는 것이다.

직 책	교사	전담교역자	담임목사	부모	교회 자체	교육환경	합 계
파트타임 아동부교역자	42	37	37	35	40	23	73
전임 교육목사	10	9	10	5	9	7	17
담임목사	14	6	5	9	7	7	15
기독교교육학자 및 전문가	10	10	8	2	3	3	12
교사	231	108	64	137	166	178	313
계	307 (71.2%)	170 (39.4%)	124 (28.8%)	188 (43.6%)	225 (52.2%)	218 (50.6%)	431 (100.0%)

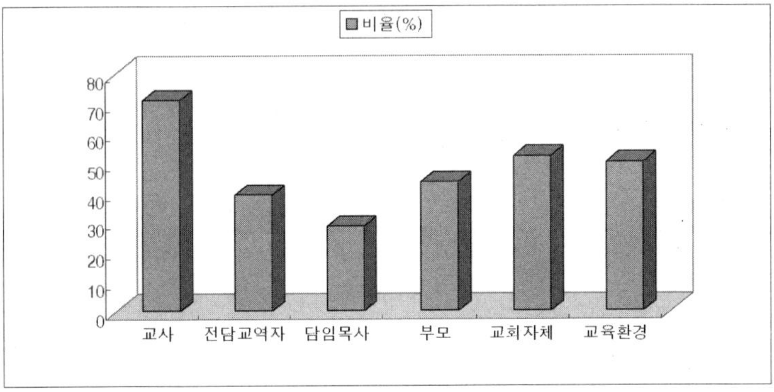

3) '교사'와 관련하여 부흥을 위해 요구되는 것

부흥을 위해 가장 시급하다고 여겨지는 노력이 교사로부터 시작되어야 한다면 교사와 관련하여 구체적으로 어떠한 노력이 시도되어야 하는지에 대한 질문에 조사대상의 46%가 '교사의 신앙적 각성 및 영성훈련'을, 33.4%가 '교사교육을 통해 준비된 교사임명'을 그리고 19.9%가 '교사의 전문성 신장을 위한 교육'을 들고 있다. 교사의 신앙적 각성 및 영성훈련은 아래의 표에서 보는 바와 같이 권역별로 보았을 때나, 장년 교인 수의 규모로 보았을 때 동일하게 가장 중요한 요인으로 지적되고 있음을 볼 수 있다.

구분	교사의 숫자 확보	교사의 전문성 신장을 위한 교육	교사의 신앙적 각성 및 영성훈련	교사교육을 통해 준비된 교사 임명	합계
아동부 교육전도사 및 교육파트타임교육목사		18 (24.7%)	34 (46.6%)	21 (28.8%)	73 (100.0%)
전임교육목사		5 (29.4%)	8 (47.1%)	4 (23.5%)	17 (100.0%)
담임목사		3 (18.8%)	11 (68.8%)	2 (12.5%)	16 (100.0%)
기독교교육학자 및 전문가		3 (25.0%)	8 (66.7%)	1 (8.3%)	12 (100.0%)
교사	3 (1.0%)	56 (18.1%)	136 (43.9%)	115 (37.1%)	310 (100.0%)
합계	3 (0.7%)	85 (19.9%)	197 (46.0%)	143 (33.4%)	428 (100.0%)

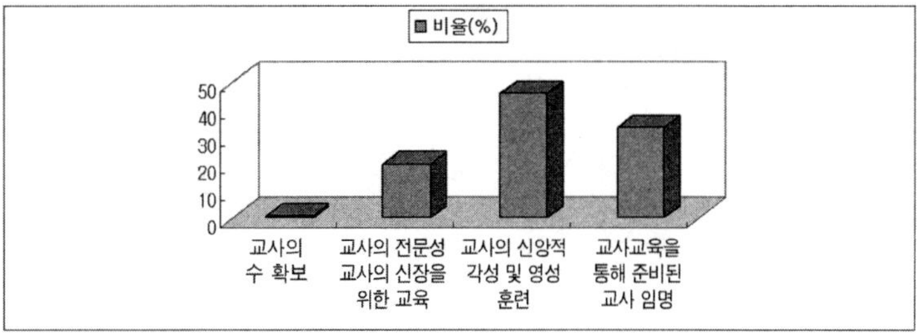

■ 지역별 구분

구 분	교사의 수 확보	교사의 전문성 신장을 위한 교육	교사의 신앙적 각성 및 영성훈련	교사교육을 통해 준비된 교사 임명	합 계
서울	0.8%	18.7%	50.4%	30.1%	100.0%
수도권의 신도시		25.0%	41.7%	33.3%	100.0%
광역시	1.8%	21.4%	46.4%	30.4%	100.0%
중소도시		18.3%	45.9%	35.8%	100.0%
읍면단위의 농촌, 어촌, 산촌	3.6%	19.3%	42.2%	34.9%	100.0%
합계	1.4%	19.6%	46.5%	32.6%	100.0%

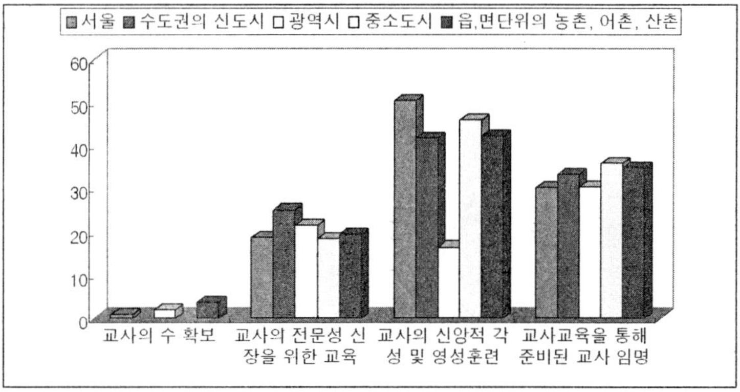

■ 출석 장년 수 구분

구분	교사의 수 확보	교사의 전문성 신장을 위한 교육	교사의 신앙적 각성 및 영성훈련	교사교육을 통해 준비된 교사 임명	합 계
50명 이하		30%	45%	25%	100.0%
100명 이하		20.5%	50.7%	28.8%	100.0%
300명 이하	1.8%	18.8%	39.3%	40.2%	100.0%
1,000명 이하	0.7%	23.9%	44.2%	31.2%	100.0%
3,000명 이하		9.8%	58.8%	31.4%	100.0%
1만 명 이하			50.0%	50.0%	100.0%
1만 명 이상	7.5%	15.0%	50.0%	27.5%	100.0%
합계	1.4%	19.6%	46.3%	32.6%	100.0%

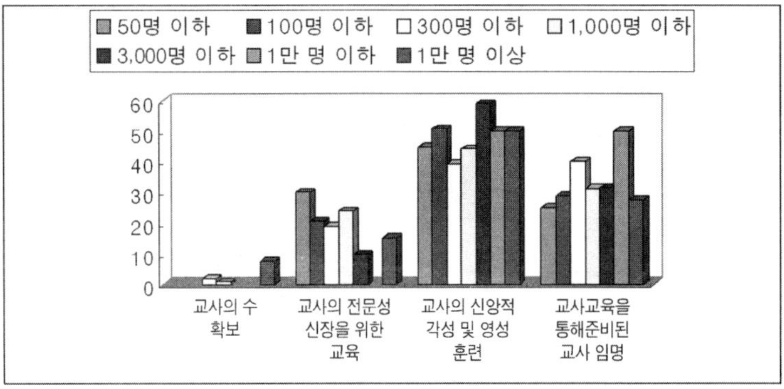

4) 부흥을 위해서 '교사교육' 에서 강조되어야 할 사항

앞의 항목에서 나타난 대로 부흥을 위해서 교사의 '신앙적 각성 및 영성 훈련' 이 무엇보다 시급하다고 한 대답은 부흥을 위해 '교사교육' 에서 강조되어야 할 사항에 관한 질문에서도 수미일관하게 나타나고 있다.

교회학교의 부흥을 위해서 '교사교육' 시 특별히 강조될 사항이 무엇인가에 대한 질문에서 응답자의 약 56%가 '교사의 영성훈련' 이라고 답했다. 다음으로는 '교육적 지식 및 교육방법의 훈련' 이 약 34%를 차지하였다. 이와 같은 응답은 우리에게 기존 교사교육 프로그램을 근본적으로 재고해야 함을 시사해 준다. 지금까지 우리의 교사교육은 주로 교육적 지식 및 교육방법 훈련 중심으로 이루어져 왔다. 그러나 교역자, 교사, 목사, 전문가 등은 공히 '교사의 영성훈련' 을 가장 중요한 교사대학의 훈련항목으로 꼽고 있다. 따라서 교사대학에서 영성훈련을 대폭적으로 강화하는 새로운 프로그램이 개발되어야 할 것이다.

구 분	성경지식	교사의 영성훈련	교육적 지식 및 교육방법훈련	부서화합을 위한 단합대회 및 친교	합 계
아동부 교육전도사 및 교육파트타임교육목사	4 (5.6%)	42 (58.3%)	24 (33.3%)	2 (2.8%)	72 (100.0%)
전임교육목사	1 (5.9%)	12 (70.6%)	3 (17.6%)	1 (5.9%)	17 (100.0%)
담임목사		8 (50.0%)	8 (50.0%)		16 (100.0%)
기독교교육학자 및 전문가	1 (8.3%)	6 (50.0%)	5 (41.7%)		12 (100.0%)
교사	10 (3.2%)	171 (54.5%)	107 (34.1%)	26 (8.0%)	314 (100.0%)
합계	16 (3.7%)	239 (55.5%)	147 (34.1%)	29 (6.5%)	431 (100.0%)

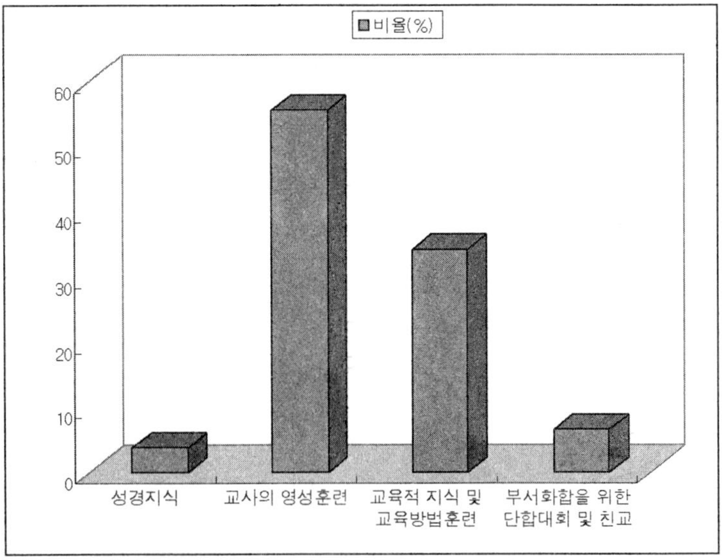

5) 부흥을 위해 '아동부 전담 교역자'에게 요구되는 것

부흥을 위해 아동부 전담교역자에게 요구되는 것이 무엇인가에 관한 질문에는 46%가 '아동부 교역자를 위한 계속교육 프로그램 제공'에 답하였다. 26.2%가 '신학교육의 보다 전문적이고 체계적인 교육전도사 교육 실시'에 답하였고, 20.6%가 '아동부 교역자의 전임제도 실시'에 답하였다. 이것은 아동부 전담교역자의 신학교와 신학교 이후의 교육 프로그램이 가장 중요한 부흥을 위한 노력임을 말해 준다.

응답자들이 아동부 전담교역자들을 위한 계속교육 프로그램을 강화하거나, 혹은 이들이 신학교에 재학 중일 때 전문적이고 체계적인 교육전도사 교육이 이루어질 수 있도록 해야 한다고 생각하고 있다는 것은 아동부 교육전도사의 비전문성이 극복되어야 한다고 보는 이들의 시각에서 비롯되는 것이라고 할 수 있다. 부흥을 위해서는 신학교육의 차원에서 아동부 전담교역자의 전문성 향상을 위한 노력이 이루어져야 할 것이다.

구 분	신학교육의 전문적이고 체계적인 교육 전도사교육실시	교육전도사의 분명한 자격기준 제정과 엄선	아동부 교역자를 위한 계속교육 프로그램 제공	아동부 교역자의 전임제도 실시	합 계
아동부 교육전도사 및 교육파트타임교육목사	20 (27.8%)	5 (6.9%)	23 (31.9%)	24 (33.3%)	72 (100.0%)
전임 교육목사	3 (17.6%)	3 (17.6%)	6 (35.3%)	5 (29.4%)	17 (100.0%)
담임목사	3 (18.8%)	2 (12.5%)	6 (37.5%)	5 (31.3%)	16 (100.0%)
기독교교육학자 및 전문가	6 (50.0%)		3 (25.0%)	3 (25.0%)	12 (100.0%)
교사	80 (25.8%)	21 (6.8%)	158 (51.0%)	51 (16.5%)	310 (100.0%)
합계	112 (26.2%)	31 (7.3%)	196 (45.9%)	88 (20.6%)	427 (100.0%)

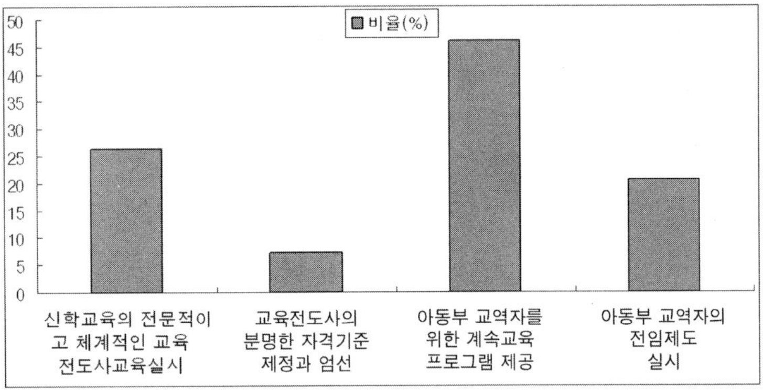

6) 부흥을 위해 담임목사에게 요구되는 것

부흥을 위해 담임목사와 관련하여 이루어져야 할 노력에 대한 질문에는 45.2%가 신학교의 목회자 계속교육을 통한 아동교회학교의 중요성과 부흥을 위한 교육철학 형성이 요청된다고 대답하였다. 그 다음으로 36.4%가 목회자들의 '다음 세대 교육을 위한 중요성 인식'을 꼽았다.

이와 같은 응답이 의미하는 것은 부흥을 위해 담임목사에게 요구되는 가장 중요한 것은 이들의 '인식 변화'라는 것이다. 이들이 아동 교회학교의 중요성을 인식하는 것으로부터 교회학교의 부흥이 시작된다는 것이다. 그러나 담임목사의 인식을 변화시키는 것은 단순히 개교회 차원에서의 노력으로 되는 것이 아니라 신학교와 총회 혹은 노회 차원의 노력이 필요한 영역이다. 아동부 전담교역자나 담임목사와 관련된 노력은 신학교와 총회가 적극적으로 동참해야 한다.

구 분	신학교에서 교회학교와 교육목회에 대한 바른 인식을 위한 교육	노회나 총회 차원의 교육적 인식 형성을 위한 교육 및 홍보	신학교의 목회자 계속교육을 통한 아동교회학교의 중요성과 부흥을 위한 교육철학 형성	다음 세대교육을 위한 중요성 인식	합 계
아동부 교육전도사 및 교육파트타임교육목사	4 (6.0%)	5 (7.5%)	22 (32.8%)	36 (53.7%)	67 (100.0%)
전임교육목사	2 (13.3%)		4 (26.7%)	9 (60.0%)	15 (100.0%)
담임목사	2 (12.5%)		6 (37.5%)	8 (50.0%)	16 (100.0%)
기독교교육학자 및 전문가	1 (8.3%)	1 (8.3%)	4 (33.3%)	6 (50.0%)	12 (100.0%)
교사	32 (10.8%)	28 (9.4%)	148 (49.8%)	89 (30.0%)	297 (100.0%)
합계	41 (10.1%)	34 (8.4%)	184 (45.2%)	148 (36.4%)	407 (100.0%)

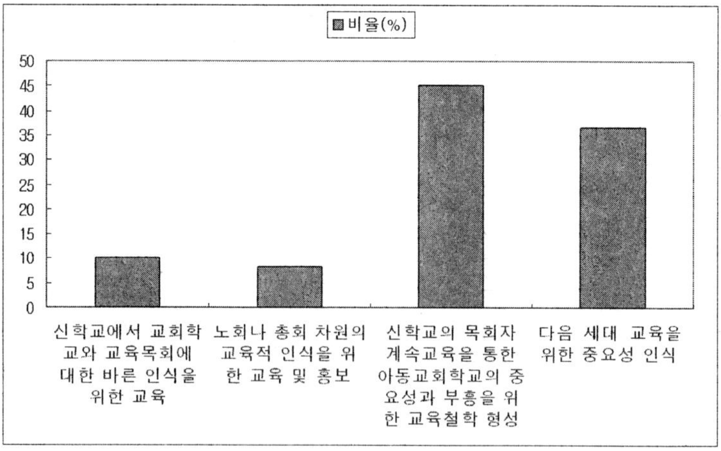

7) 교회학교 아동부의 부흥을 위해 '교회'에 요구되는 사항

교회학교 아동부의 부흥을 위해 '교회' 자체에 요구되는 사항에 관한 질문에서, 약 54%가 '교육위원회 차원에서 장단기 계획 설정과 조직적이고 체계적인 실천 단행' 을 가장 우선적으로 나타냈고, 특히 아동부 교육전도사 및 파트타임 교육목사의 경우 약 66%나 같은 의견을 표했다. 이것은 아동부 부흥을 위해 교회 차원에서의 아동부 교육에 대한 미래의 비전이 제시되기를 희망하는 것으로 판단된다. 21.7%가 신앙적 침체 분위기 갱신 노력이 필요하다고 답했고, 또한 15.8%가 재정지원과 전임교역자 지원을 꼽았다.

구분	교회의 신앙적 침체 분위기 갱신 노력	부흥의지와 철학 가진 부장 및 교육위원장 임명	교육위원회의 장단기 계획 설정과 체계적 실천	대폭적 재정지원과 전임교육자 임명	합 계
아동부교육전도사 및 교육파트타임교육목사	8 (14.7%)	5 (7.4%)	45 (66.2%)	10 (14.7%)	68 (100.0%)
전임교육목사	4 (26.7%)	2 (13.3%)	6 (40.0%)	3 (20.0%)	15 (100.0%)
담임목사	4 (25.0%)	2 (12.5%)	9 (56.3%)	1 (6.3%)	16 (100.0%)
기독교교육학자 및 전문가	3 (25.0%)	1 (8.3%)	7 (58.3%)	1 (8.3%)	12 (100.0%)
교사	70 (23.3%)	26 (8.7%)	154 (51.3%)	50 (16.7%)	300 (100.0%)
합계	89 (21.7%)	36 (8.8%)	221 (53.8%)	65 (15.8%)	411 (100.0%)

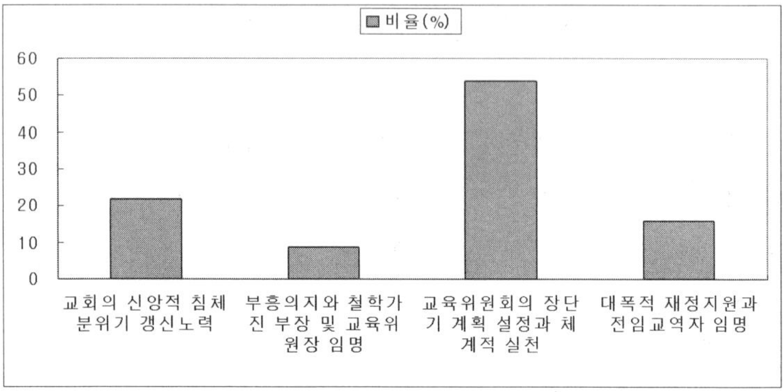

8) 교회학교의 부흥을 위해 '교회학교' 자체에 요구되는 사항

교회학교 부흥을 위해 교회학교 자체에 요구되는 사항이 무엇인지에 관한 질문에서 39.4%가 '아동문화를 고려한 교육방법 사용'을, 30.2%가 '은혜를 경험할 수 있는 예배'를 꼽았다. 그 외에 18.2%가 '아동에 대한 인격적 돌봄'을 선택했다. '복음적인 성경교육'은 10.2%가 대답했다.

구 분	은혜를 경험할 수 있는 예배	전도실시	아동에 대한 인격적 돌봄	복음적인 성경교육	아동문화를 고려한 교육 방법 사용	합 계
아동부 교육전도사 및 교육파트타임교육목사	23 (33.8%)	1 (1.5%)	20 (29.4%)	5 (7.4%)	19 (27.9%)	68 (100.0%)
전임교육목사	4 (26.7%)		4 (26.7%)	1 (6.7%)	6 (40.0%)	15 (100.0%)
담임목사	4 (25.0%)	1 (6.3%)	5 (31.3%)	1 (6.3%)	5 (31.3%)	16 (100.0%)
기독교교육학자 및 전문가	3 (25.0%)	1 (8.3%)	4 (33.3%)	1 (8.3%)	3 (25.0%)	12 (100.0%)
교사	90 (30.0%)	5 (1.7%)	42 (14.0%)	34 (11.3%)	129 (43.0%)	300 (100.0%)
합계	124 (30.2%)	8 (1.9%)	75 (18.2%)	42 (10.2%)	162 (39.4%)	411 (100.0%)

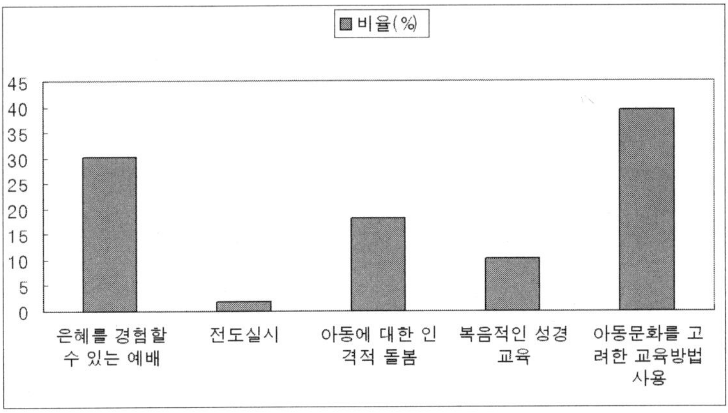

9) 교회학교 부흥을 위해 '부모'에게 요청되는 것

교회학교 부흥을 위해 부모에게 요청되는 것이 무엇인가에 관한 질문에 약 46%가 '부모교육을 통한 자녀의 신앙교육의 중요성 인식'을 부모와 관련하여 필요한 노력으로 응답하였다. 부모가 자녀의 신앙교육이 중요하다는 것을 인식하게 하기 위해서 '부모교육'이 필요하다는 것이다.

구분	부모교육을 통한 자녀의 신앙교육의 중요성인식	교회학교를 신뢰하고 자녀를 보낼 수 있게 부모에게 교육내용 통지	부모영성 형성 돕는 프로그램 제공	부모의 교회학교 참여와 좋은 부모운동	합 계
아동부 교육전도사 및 교육파트타임교육목사	36 (52.9%)	8 (11.8%)	4 (5.9%)	20 (29.4%)	68 (100.0%)
전임교육목사	7 (46.7%)	2 (13.3%)	3 (20.0%)	3 (20.0%)	15 (100.0%)
담임목사	10 (62.5%)	1 (6.3%)	2 (12.5%)	3 (18.8%)	16 (100.0%)
기독교교육학자 및 전문가	4 (33.3%)	3 (25.0%)		5 (41.7%)	12 (100.0%)
교사	131 (43.5%)	80 (26.6%)	36 (12.0%)	54 (17.9%)	301 (100.0%)
합계	188 (45.6%)	94 (22.8%)	45 (10.9%)	85 (20.6%)	412 (100.0%)

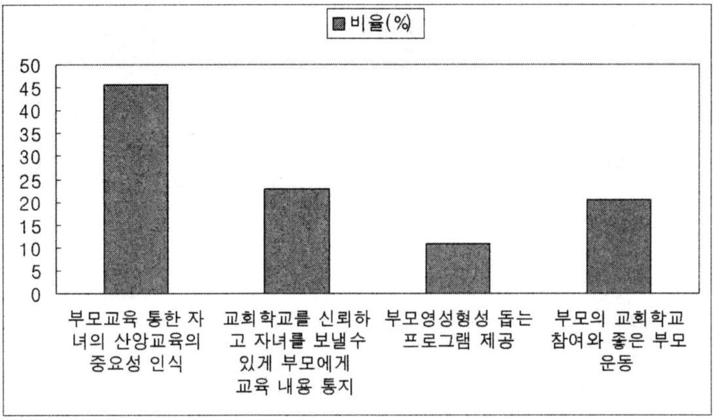

10) 교회학교 부흥을 위해 '교육 환경' 요청되는 일

교회학교 부흥을 위해 교육 환경을 위해 요청되는 일이 무엇인지에 관한 질문에 전체의 약 84%가 아동부 부흥을 위해 '아동부 교회학교의 교육적 환경 조성' 을 가장 중요하다고 대답하였다. '교회학교의 교육적 환경 조성' 도 아동부의 부흥을 조력하는 중요한 요소의 하나라고 할 수 있는 것이다.

구분	교회학교 재정증액	교육적 환경 조성	교육기자재 구입	사이버교육 환경구성	합 계
아동부교육전도사 및 파트타임교육목사	7 (10.3%)	59 (86.8%)	1 (1.5%)	1 (1.5%)	68 (100.0%)
전임교육목사	1 (6.7%)	13 (86.7%)	1 (6.7&)		15 (100.0%)
담임목사		14 (87.5%)	1 (6.3%)	1 (6.3%)	16 (100.0%)
기독교교육학자 및 전문가	1 (8.3%)	11 (91.7%)			12 (100.0%)
교사	21 (7.0%)	248 (82.9%)	14 (4.7%)	16 (5.4%)	299 (100.0%)
합계	30 (7.3%)	345 (84.1%)	17 (4.1%)	18 (4.4%)	410 (100.0%)

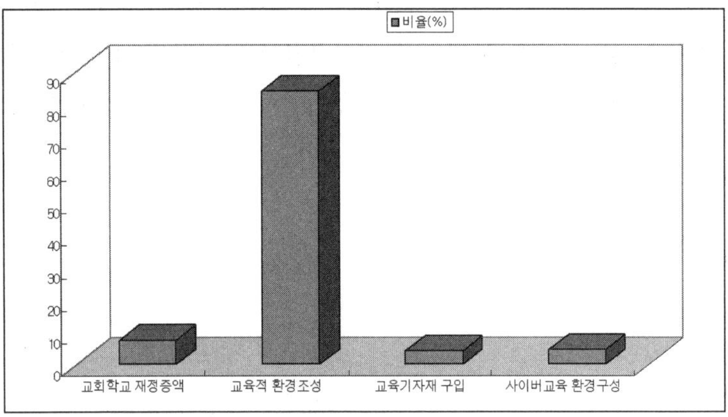

11) 교회학교 부흥을 위한 세속문화 극복 방안

교회학교 부흥을 위한 세속문화 극복 방안에 관한 질문에 전체의 약 45%가 '세상교육과 구별되는 사랑, 관심, 기도로 교육' 하는 것을 가장 많이 지지했고, 다음으로 약 27%가 '학습지도나 문화교실 등 다양한 정보 제공' 을, 세 번째로 '신앙교육의 특성과 본질을 살려 철저히 교육' 하는 것을 약 24%가 지지하였다.

이 항목에서 눈에 띄는 것은 교회학교가 인터넷이나 게임과 같은 어린이의 관심을 끄는 요소들로 인하여 침체되었다 하더라도 그 극복 방안은 인터넷이나 게임을 교회에 수용하는 것이 아니라, 오히려 세상교육과는 구별되는 사랑과 관심, 기도로 교육해야 한다고 보고 있다는 것이다. 이 같은 결과는 교회학교 부흥에 본질적인 방향을 제시해 주는 것이라고 할 수 있다.

구분	신앙교육의 특성과 본질 살려 철저히 교육	학습지도나 문화교실 등 다양한 정보 제공	인터넷이나 게임 등을 교회교육에 수용	세상교육과 구별되는 사랑, 관심, 기도로 교육	합계	결측값
아동부 교육전도사 및 교육파트타임교육목사	21 (30.9%)	10 (14.7%)	3 (4.4%)	34 (50.0%)	68 (100.0%)	
전임교육목사	6 (40.0%)	1 (6.7%)		8 (53.3%)	15 (100.0%)	
담임목사	5 (31.1%)	6 (37.5%)	2 (12.5%)	3 (18.8%)	16 (100.0%)	
기독교교육학자 및 전문가	6 (50.0%)	1 (8.3%)		5 (41.7%)	12 (100.0%)	
교사	59 (19.7%)	91 (30.3%)	14 (4.7%)	136 (45.3%)	300 (100.0%)	1
합계	97 (23.6%)	109 (26.5%)	19 (4.6%)	186 (45.3%)	411 (100.0%)	1

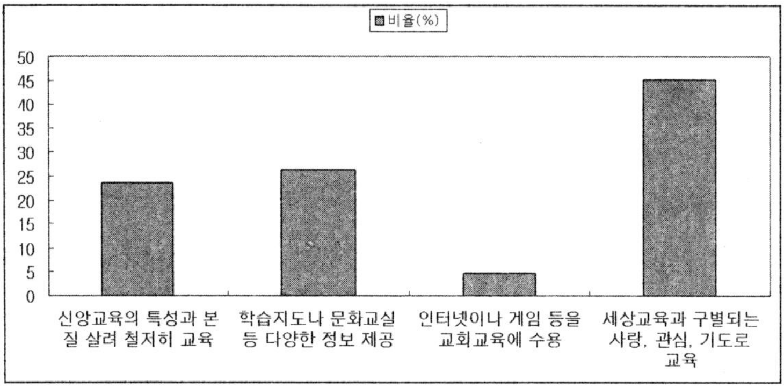

5. 연구 결과 II
- 학부모 대상 교회학교 만족도 및 개선안 조사

본 연구는 아동부 교역자 및 전문가, 교사뿐만 아니라 학부모에게도 교회학교의 침체와 부흥을 위한 방안을 설문으로 조사하였다. 그러나 학부모의 경우 직접 교회학교 교육에 참여하는 것이 아니기 때문에, 전문적인 안목을 묻기보다는 이들의 교회학교 만족도에 대한 조사와 이들이 희망하는 교회학교 개선 방안을 중심으로 조사하였다. 조사의 결과는 다음과 같다.

1) 자녀 출석 교회학교에 대한 만족도 조사

학부모를 대상으로 자녀가 현재 출석하고 있는 교회학교에 대해 만족하는지의 질문에 10.7%의 부모가 매우 만족한다고 답하였고, 47.7%의 학부모가 만족한다고 답하였다. 보통이라고 답한 부모는 34.7%, 불만족과 매우 불만족은 6.8%를 나타내었다. 그렇게 볼 때 전체의 58.4%가 만족 이상이었다.

구분	매우 만족	만족	보통	불만족	매우 불만족	합계
빈도(명)	33	147	107	19	2	308
비율(%)	10.7	47.7	34.7	6.2	0.6	100.0

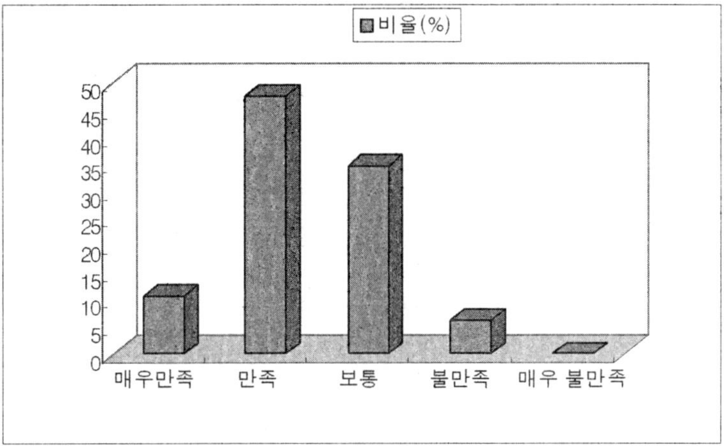

■ 지역별 구분

자녀가 출석하는 교회학교의 만족도에 대한 조사를 지역별로 살펴보았을 때, 아래의 표에서 보는 바와 같이 서울을 중심으로 한 대도시의 부모들이 지방 및 농, 어, 산촌의 부모들에 비하여 만족도가 비교적 높은 것으로 나타났다.

구분	매우 만족	만족	보통	불만족	매우 불만족	합 계
서울	12 (17.1%)	33 (47.1%)	18 (25.7%)	7 (10.0%)		70 (100.0%)
수도권의 신도시	1 (14.3%)	3 (42.9%)	2 (28.6%)	1 (14.3%)		7 (100.0%)
광역시	7 (8.4%)	44 (53.0%)	27 (32.5%)	4 (4.8%)	1 (1.2%)	83 (100.0%)
중소도시	8 (8.9%)	43 (47.8%)	35 (38.9%)	4 (4.4%)		90 (100.0%)
읍,면 단위의 농촌, 어촌, 산촌	5 (8.6%)	24 (41.4%)	25 (43.1%)	3 (5.2%)	1 (1.7%)	58 (100.0%)
합계	33 (10.7%)	147 (47.7%)	107 (34.7%)	19 (6.2%)	2 (0.6%)	308 (100.0%)

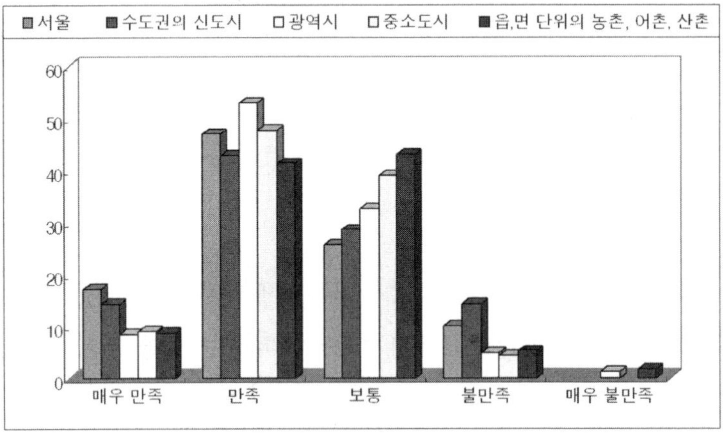

■ 출석 장년 수 구분

자녀가 출석하는 교회학교의 만족도에 대한 조사를 교회의 크기별로 살펴보았을 때, 아래의 표에서 보는 바와 같이 교회의 크기가 클수록 만족도가 높고, 작을수록 만족도가 비교적 낮게 나타나는 것을 볼 수 있다.

구분	매우만족	만족	보통	불만족	매우불만족	합 계
50명 이하	1 (3.7%)	11 (40.7%)	14 (51.9%)	1 (3.7%)		27 (100.0%)
100명 이하	12 (14.8%)	33 (40.7%)	28 (34.6%)	8 (9.9%)		81 (100.0%)
300명 이하	5 (5.6%)	43 (48.3%)	32 (36.0%)	7 (7.9%)	2 (2.2%)	89 (100.0%)
1,000명 이하	6 (7.7%)	44 (56.4%)	25 (32.1%)	3 (3.8%)		78 (100.0%)
3,000명 이하	1 (6.7%)	8 (53.3%)	6 (40.0%)			15 (100.0%)
1만 명 이하						
1만 명 이상	8 (44.4%)	8 (44.4%)	2 (11.1)			18 (100.0%)
합 계	33 (10.7%)	147 (47.7%)	107 (34.7%)	19 (6.2%)	2 (0.6%)	308 (100.0%)

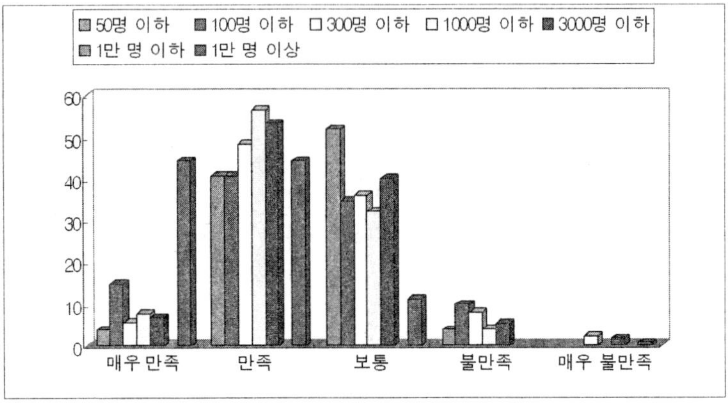

2) 교회학교가 자녀의 신앙 성장에 도움을 주고 있는지에 대한 질문

자녀가 교회학교로부터 신앙 성장에 도움을 받고 있는지에 대한 질문에서 14.3%가 아주 많이, 49.5%가 많이, 30%가 보통, 6.2%가 조금과 아주 조금으로 답하였다. 다시 말하면 63.8%가 많이 이상이고, 그 나머지가 보통이라고 할 수 있다.

■ 출석 장년 수 구분

장년 교인 수의 규모로 분류해 보았을 때 50명 이하의 교회에서는 한 명도 '아주 많이' 도움을 준다고 응답하지 않았다. 그러나 1만 명 이상의 교회의 경우, 약 33%가 '아주 많이' 도움이 된다고 응답하였다. 전체적으로 교회의 규모가 클수록 만족도가 높은 것으로 나타났다.

구분	아주많이	많이	보통	조금	아주조금	합 계
50명 이하		14 (51.9%)	10 (37.0%)	3 (11.1%)		27 (100.0%)
100명 이하	12 (15.0%)	42 (52.5%)	19 (23.8%)	6 (7.5%)	1 (1.3%)	80 (100.0%)
300명 이하	13 (14.6%)	39 (43.8%)	32 (36.0%)	5 (5.6%)		89 (100.0%)
1,000명 이하	11 (14.1%)	41 (52.6%)	22 (28.2%)	4 (5.1%)		78 (100.0%)
3,000명 이하	2 (13.3%)	7 (46.7%)	6 (40.0%)			15 (100.0%)
1만 명 이상	6 (33.3%)	9 (50.0%)	3 (16.7%)			18 (100.0%)
합 계	44 (14.3%)	152 (49.5%)	92 (30.0%)	18 (5.9%)	1 (0.3%)	307 (100.0%)

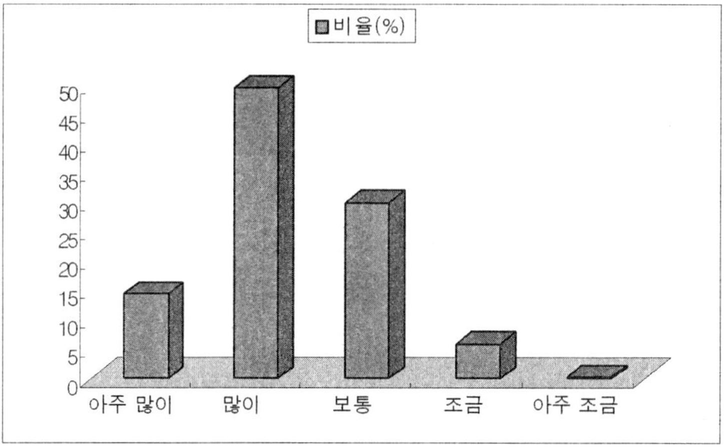

3) 다른 교회학교를 선택할 의사 여부에 관한 질문

현재 자녀가 다니는 교회학교에 만족한지를 알아보기 위해 주변에 교회학교 프로그램이 잘 마련된 교회가 있다면 자녀를 위해 교회를 옮길 생각이 있는지 하는 질문을 제시하였다. 이에 대해 약 63%는 주변에 교회학교 프로그램이 잘 마련된 교회가 있다고 해도 교회를 옮길 생각이 없는 것으로 나타났다. 그러나 약 10%는 옮기겠다고 응답하였고, 약 27%는 심각히 고려해 본다고 응답하였으며, 전체 37% 정도는 교회학교 교육의 질에 따라 교회를 옮길 가능성이 있는 것으로 드러났다. 따라서 교회의 부흥은 교회학교의 프로그램과 무관하지 않음이 분명하게 드러난다.

구분	예	아니오	심각히 고려	합계	결측치
빈도(명)	31	190	83	304	4
비율(%)	10.2	62.5	27.3	100.0	

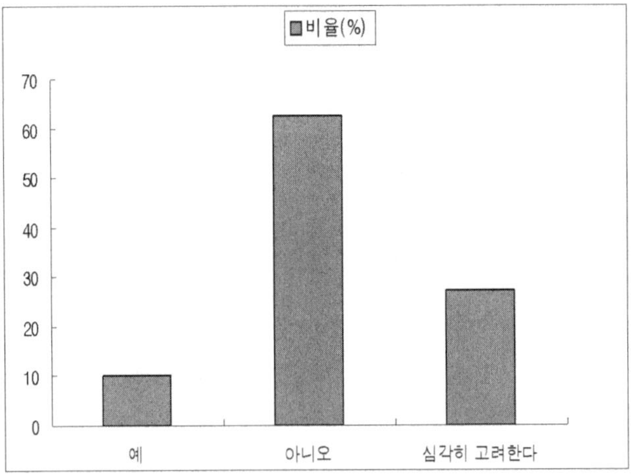

■ 출석 장년 수 구분

구분	예	아니오	심각히 고려	합계
50명 이하	5 (19.2%)	17 (65.4%)	4 (15.4%)	26 (100.0%)
100명 이하	7 (8.6%)	46 (56.8%)	28 (34.6%)	81 (100.0%)
300명 이하	8 (9.3%)	58 (67.4%)	20 (23.3%)	86 (100.0%)
1,000명 이하	9 (11.5%)	48 (61.5%)	21 (23.3%)	78 (100.0%)
3,000명 이하	1 (6.7%)	11 (73.3%)	3 (20.0%)	15 (100.0%)
1만 명 이하				
1만 명 이상	1 (5.6%)	10 (55.6%)	7 (38.9%)	18 (100.0%)
합계	31 (10.2%)	190 (62.5%)	83 (27.3%)	304 (100.0%)

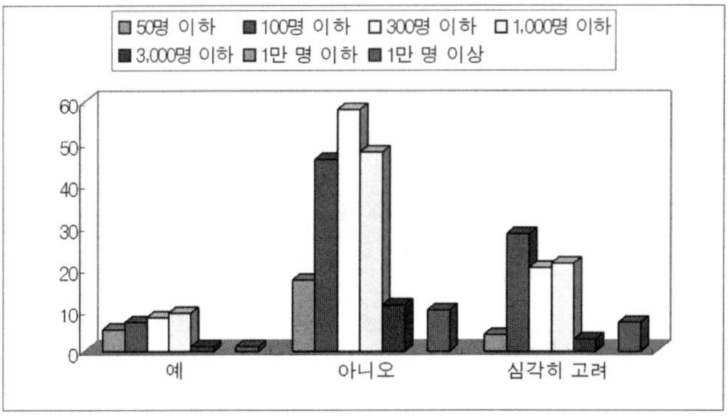

4) 자녀 출석 교회학교에 대한 불만족 이유 조사

자녀가 출석하고 있는 교회학교에 불만족하다면 그 이유는 무엇인지 묻는 질문에 35.5%의 부모가 '교육방법이나 프로그램의 문제' 를, 26%가 '교육시설이나 교육환경의 문제' 를 지적하였다. 17.5%는 '교회학교 교사들의 문제' , 11.8%는 '목사, 전도사 등 교역자의 문제' 를 8.9%가 예배시간대와 기타의 문제들을 지적하였다. 부모들에게서 나타나는 불만족은 교육방법이나 프로그램, 교육시설이나 환경과 같은 구체적 문제들과 관련되어 있음을 알 수 있다.

구분	교역자 문제	교사들 문제	교육방법 및 프로그램의 문제	교육시설 및 환경문제	예배 시간대	기타	합 계
빈도(명)	29	43	88	64	19	3	246
비율(%)	11.8	17.5	35.8	26.0	7.7	1.2	100.0

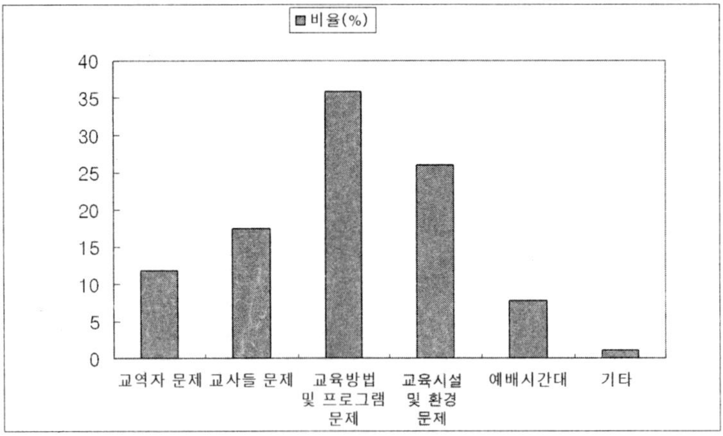

5) 교회 차원에서 초등학생 자녀에게 제공되기를 바라는 것

교회 차원에서 초등학교 자녀들에게 제공되었으면 하는 것에 관한 질문에 응답한 학부모의 의견 중 가장 많은 것은 약 35%가 '지금보다 재미있고 의미있는 예배시간과 성경공부시간을 기대한다' 로 나타났고, 다음으로 '공과공부 외의 좀더 체계적인 성경공부 프로그램의 마련' (약 28%)을 기대하였으며, '악기, 스포츠를 배우는 문화교실 개설' 도 약 22%가 응답하였다. 특이한 점은 지역별 비교에서 작은 차이이기는 하지만 광역시에 속한 학부모는 약 37%가 '공과공부 이외의 좀더 체계적인 성경공부 프로그램의 마련' 을 1순위로 나타냈다.

구분	공과공부 외 체계적 성경공부	악기, 스포츠 등 문화교실	학업에 도움 되는 프로그램	재미있고 의미 있는 예배와 성경공부	기타	합 계	결측치
빈도(명)	86	67	16	107	9	285	23
비율(%)	30.2	23.5	5.6	37.5	3.2	100.0	

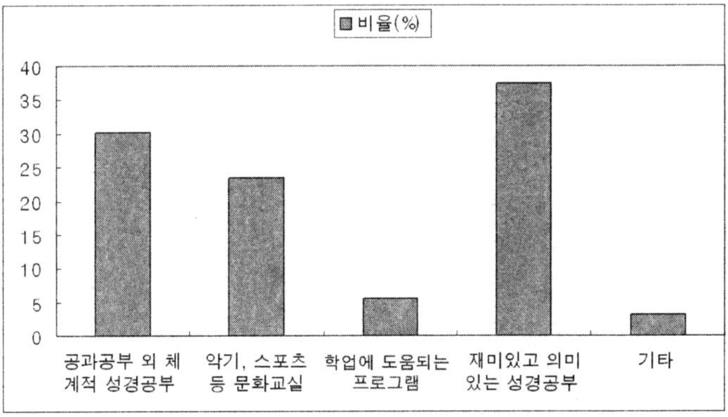

■ 지역별 구분

구분	공과공부 외의 성경 공부	악기, 스포츠 등 문화 교실	학교공부에 도움이 되는 프로그램	재미있고 의미 있는 예배와 성경공부	기타	합계
서울	15 (24.2%)	15 (24.2%)	2 (3.2%)	26 (41.9%)	4 (6.5%)	62 (100.0%)
수도권의 신도시		3 (42.9%)	1 (14.3%)	3 (42.9%)		7 (100.0%)
광역시	29 (36.7%)	19 (24.1%)	4 (5.1%)	27 (34.2%)		79 (100.0%)
중소도시	26 (30.2%)	19 (22.1%)	5 (5.8%)	32 (37.2%)	4 (4.7%)	86 (100.0%)
읍, 면 단위의 농촌, 어촌, 산촌	16 (31.4%)	11 (2.6%)	4 (7.8%)	19 (37.3%)	1 (2.0%)	51 (100.0%)
합계	86 (30.2%)	67 (23.5%)	16 (5.6%)	107 (37.5%)	9 (3.2%)	285 (100.0%)

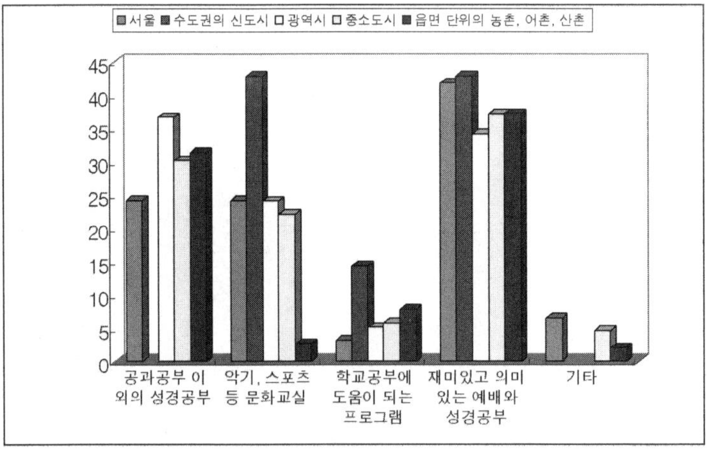

6) 주 5일제 근무제에 따른 교회학교의 과제

주 5일 근무제가 전면 실시되면 교회학교가 가장 시급하게 관심을 기울여야 할 부분은 무엇인가에 대한 질문에 40.9%의 부모가 주일과 주말을 연계하는 '가족 참여 프로그램 개발'을, 22.7%의 부모가 '문화활동 프로그램 준비'를, 16.6%의 부모가 '주일성수의 강조'를, 15.6%의 부모가 '성경공부나 영성훈련 등의 신앙적 프로그램 준비'를 선택하였다. 이와 같은 점은 교회학교가 주 5일제 전면 실시에 따라 특별히 가족 참여 프로그램을 개발하고 실시해 보아야 한다는 점을 시사한다.

구분	주일성수 강조	가족 참여 프로그램	신앙적 프로그램	문화활동 프로그램	기타	합 계	결측치
빈도(명)	49	126	46	70	4	295	13
비율(%)	16.6	42.7	15.6	23.7	1.4	100.0	

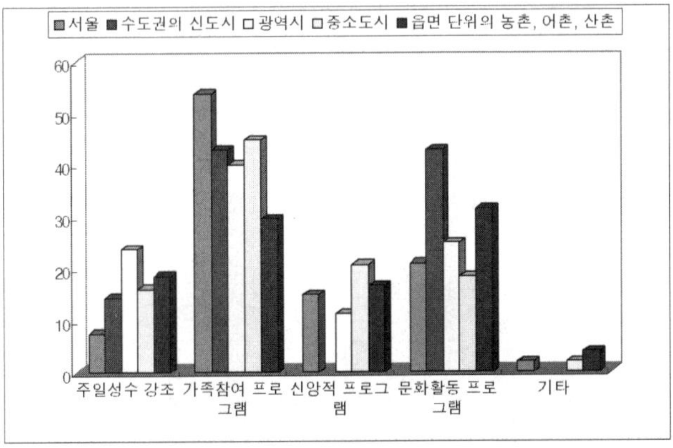

■ 지역별 구분

구분	주일성수 강조	가족 참여 프로그램	신앙적 프로그램	문화활동 프로그램	기타	합계
서울	5 (7.5%)	36 (53.7%)	10 (14.9%)	14 (20.9%)	2 (3.0%)	67 (100.0%)
수도권의 신도시	1 (14.3%)	3 (42.9%)		3 (42.9%)		7 (100.0%)
광역시	19 (23.8%)	32 (40.0%)	9 (11.3%)	20 (25.0%)		80 (100.0%)
중소도시	14 (16.1%)	39 (44.8%)	18 (20.7%)	16 (18.4%)		87 (100.0%)
읍, 면 단위의 농촌, 어촌, 산촌	10 (18.5%)	16 (29.6%)	9 (16.7%)	17 (31.5%)	2 (3.7%)	54 (100.0%)
합계	49 (16.6%)	126 (42.7%)	46 (15.6%)	70 (23.7%)	4 (1.4%)	295 (100.0%)

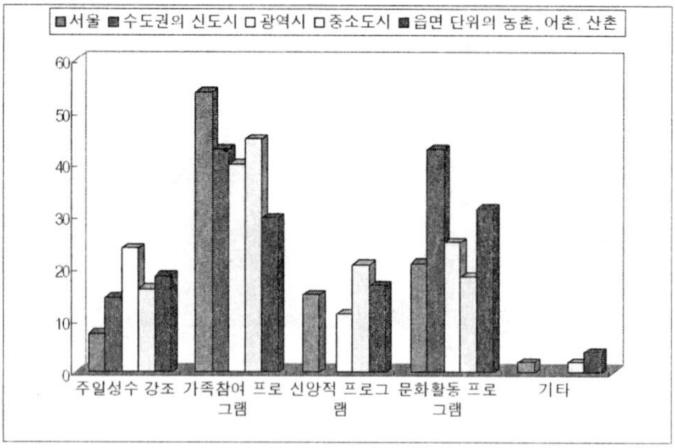

■ 출석 장년 수 구분

구분	주일성수 강조	가족참여 프로그램	신앙적 프로그램	문화활동 프로그램	기타	합계
50명 이하	5 (20.0%)	10 (40.0%)	3 (12.0%)	7 (28.0%)		25 (100.0%)
100명 이하	13 (17.1%)	38 (50.0%)	9 (11.8%)	16 (21.1%)		76 (100.0%)
300명 이하	15 (17.4%)	31 (36.0%)	13 (15.1%)	24 (27.9%)	3 (3.5%)	86 (100.0%)
1000명 이하	7 (9.3%)	35 (46.7%)	14 (18.7%)	18 (24.0%)	1 (1.3%)	75 (100.0%)
3000명 이하	3 (20.0%)	4 (26.7%)	5 (33.3%)	3 (20.0%)		15 (100.0%)
1만 명 이하						
1만 명 이상	6 (33.3%)	8 (44.4%)	2 (11.1%)	2 (11.1%)		18 (100.0%)
합계	49 (16.6%)	126 (42.7%)	46 (15.6%)	70 (23.7%)	4 (1.4%)	295 (100.0%)

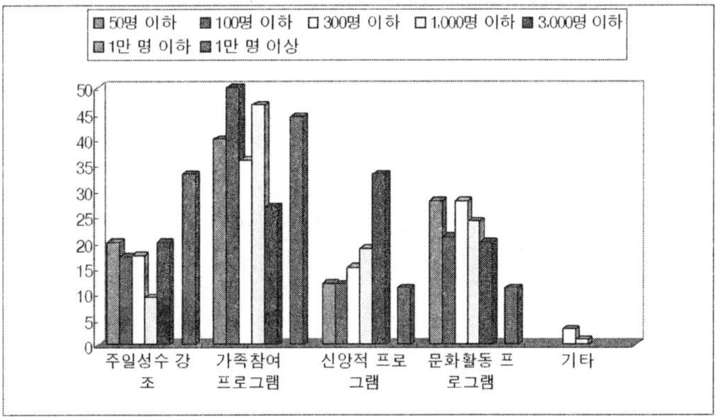

6. 연구 결과 Ⅲ - 아동 대상 교회학교 만족도 및 개선안 조사

1) 부모님의 교회 출석 여부

현 교회학교 출석 아동의 부모 출석 여부를 조사하기 위한 질문에 56.4% 아동이 '부모 모두 출석' 이라고 답하였고, 23.1% 아동의 부모는 '모두 다니지 않는다' 고 대답하였다. 18.9% 아동은 '엄마만 다닌다' 고 답하였다. 따라서 76.6% 아동의 부모는 최소한 어느 한쪽의 부모가 교회를 출석하는 것으로 나타났다. 이러한 결과로 볼 때 한편으론 아동 교회학교의 부흥이 부모와 본질적으로 연결되어 있음을 알 수 있고, 동시에 교회 출석 어린이 중 1/5은 교사들이 각별히 관심을 갖고 지도해야 하며, 가능한 교회학교를 통하여 부모님도 전도가 되는 프로그램을 개발하거나 방안이 계획되어야 함을 알 수 있다.

구분	엄마만 다니심	아빠만 다니심	부모님 모두다니심	부모님 모두 다니지 않음	합 계	결측치
빈도(명)	71	5	212	87	375	1
비율(%)	18.9	1.3	56.5	23.2	100.0	

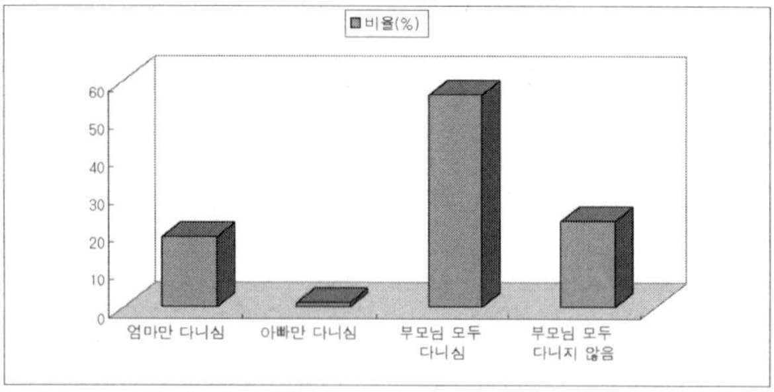

2) 교회에 처음 나오게 된 동기

아동이 교회에 처음 나오게 된 동기에 대한 질문에 59.2%의 아동이 '부모와 함께 왔다' 고 대답하였고, 14.2%의 아동이 '친구의 전도' 로 왔다고 하였으며, 10.2%의 아동이 '스스로 왔다' 고 하였다. 이러한 결과는 주일학교 부흥을 위하여 부모를 대상으로 하는 전도뿐만 아니라 어린이를 대상으로 하는 전도가 필요함을 동시에 말해 주는 것이라고 할 수 있다.

구분	스스로	친구의 전도	부모님과 함께	교회 선생님의 전도	기타(할머니, 이웃 아주머니 등)	합 계	결측치
빈도(명)	38	55	221	24	35	373	3
비율(%)	10.2	14.7	59.2	6.4	9.4	100	

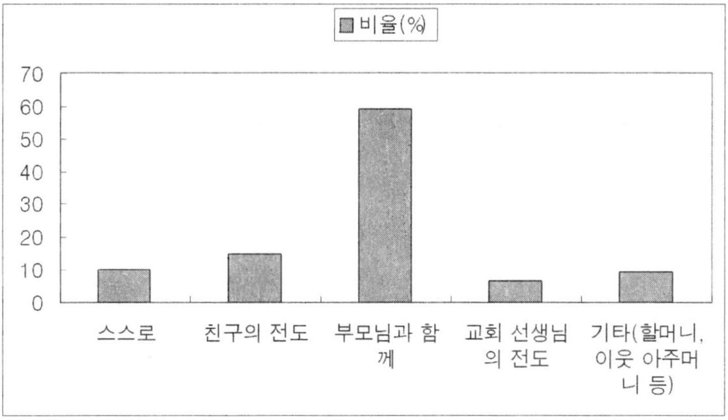

3) 주일학교에 대한 아동의 선호도

주일학교에 올 때 어떤 마음이 드는지에 대한 질문에 대해 50%의 아동이 '많이 즐겁다' 고 답하였고, 24.1%의 아동이 '조금 즐겁다' 고 답하였다. 21.4%의 아동은 '그저 그래요' , 1.9%는 '별로 즐겁지 않다.' 2.7%가 '많이 즐겁다' 고 답하였다. 설문에 응한 어린이 중 약 74%의 어린이가 교회 오는 것이 즐겁다고 응답하였다. 이것은 예상했던 것보다 긍정적인 반응이다. 그러나 '그저 그렇다' 는 응답이 약 21%이고, 여기다 '즐겁지 않다' 고 응답한 어린이까지 포함한다면 약 25% 어린이가 주일날 예배에 오는 것이 기다려지지 않거나 아무 느낌도 없다고 응답한 것이다. 따라서 1/4의 어린이가 좀더 기쁨과 감격에 찬 예배와 교회생활이 되도록 그들의 요구를 조사하고 분석하여 개선할 필요가 있다.

구분	많이 즐거워요	조금 즐거워요	그저 그래요	별로 즐겁지 않아요	많이 즐겁지 않아요	합 계	결측치
빈도(명)	185	89	79	7	10	370	6
비율(%)	50	24.1	21.4	1.9	2.7	100	

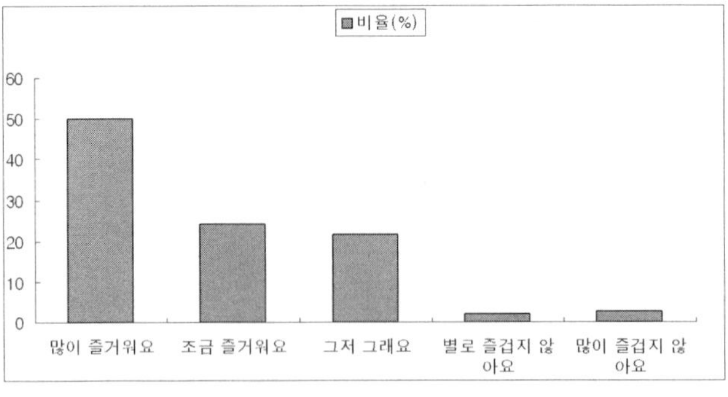

4) 주일학교에 오는 것이 즐겁지 않은 이유

아동이 주일학교를 싫어하는 이유를 조사하기 위하여 주일에 예배 드리러 오는 것이 즐겁지 않은 이유를 물었다. 응답한 어린이의 약 41%가 '자거나 쉬고 싶어서'를 표한 것으로 볼 때, 오늘날 어린이들이 성인과 같이 공부나 과외활동으로 바쁘고 힘든 시간을 보내고 있음을 알 수 있다. 그 외 20%가 'TV나 컴퓨터를 하고 싶어서'에 응답하였고, 14%의 어린이는 '예배나 성경공부가 지루하다'고 나타냈다.

구분	TV나 컴퓨터를하고 싶어서	자거나 쉬고 싶어서	친구가 싫어서	선생님이나 전도사님이 싫어서	예배나 성경공부가 지루해서	기타	합 계	결측치
빈도(명)	47	97	9	4	33	45	235	141
비율(%)	20	41.3	3.8	1.7	14	19.1	100	

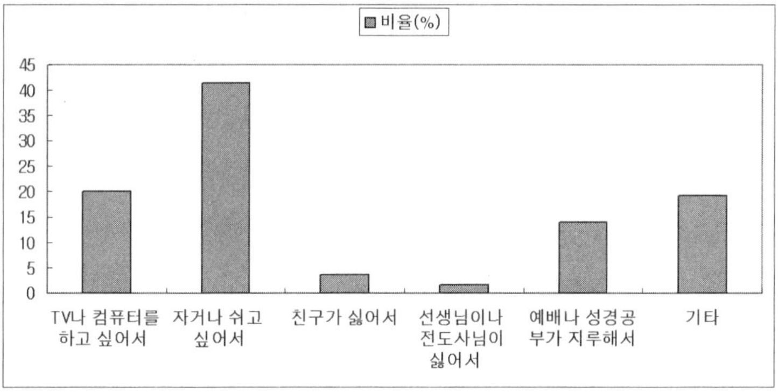

5) 프로그램 선호도

교회학교 프로그램에 대한 아동의 선호도를 알아보기 위하여 교회의 어느 순서를 가장 좋아하는지 두 가지를 선택하라고 하였다. 1순위로 선택한 것을 보면 '친구들과 노는 시간' 이 26.7%로 가장 많았고, 23.2%가 '찬양, 율동시간' 을 가장 기다려지는 시간으로 응답했다. 21.7%가 간식시간, 12.9%가 말씀 듣는 시간, 12%가 성경공부 시간을 꼽았다.

구분	말씀 듣는 시간 (설교시간)	찬송, 율동시간	성경공부 시간	간식 시간	친구들과 노는 시간	기타	합 계	결측치
빈도(명)	91	164	85	150	189	29	708	2
비율(%)	12.9	23.2	12	21.2	26.7	4.1	100	

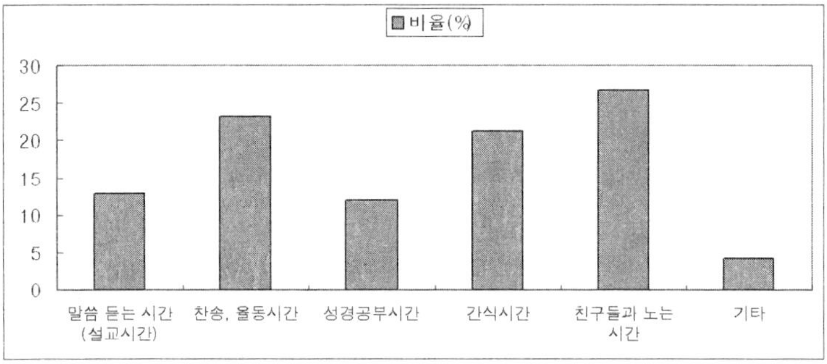

6) 프로그램 비호감

어린이들이 싫고 지루해하는 프로그램을 알아보기 위한 질문에는 위의 선호도 질문에 정확하게 일치하여 30.7%가 말씀 듣는 시간을, 25.9%가 성경공부 시간을 선택했다. 찬송, 율동 시간이 23.9%, 그 외에 간식 시간과 친구들과 노는 시간은 각각 4.7%, 4.0%를 차지하였다.

구 분	말씀 듣는 시간 (설교시간)	찬송, 율동시간	성경공부 시간	간식 시간	친구들과 노는 시간	기타	합 계	결측치
빈도(명)	168	131	142	26	22	59	548	65
비율(%)	30.7	23.9	25.9	4.7	4	10.8	100	

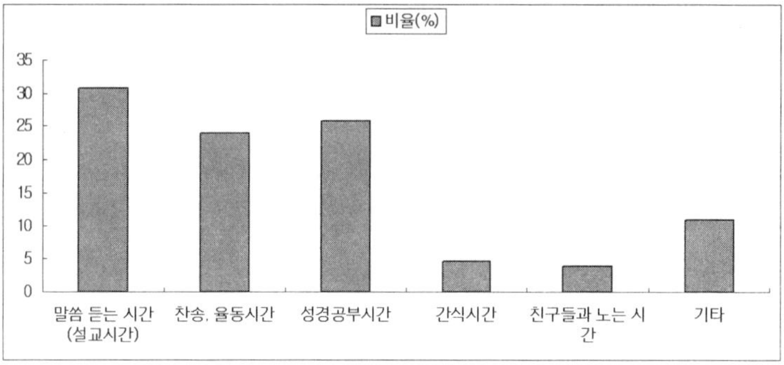

7) 교사에 관한 질문

아동이 선호하는 교사를 묻기 위하여 자신이 좋아하는 교사에 대해 세 항목을 고르도록 했다. 이에 대해 '성경공부를 재미있게 가르쳐주는 선생님' (21.2%)이 제일 많이 선택되었고, '잘 놀아주는 선생님' (17%)이 두 번째로, '사랑과 관심을 보여주는 선생님' (13.6%), '먹을 것을 잘 사주는 선생님' (11.2%)이 그 다음으로 선택되었다. 윗 항목에서 아동들이 성경공부를 교회의 가장 지루해하는 프로그램으로 선택하였다는 것과, '성경공부를 재미있게 가르쳐주는 선생님' 을 가장 좋아하는 선생님으로 선택하고 있는 것은 묘한 대조를 이룬다. 이들이 성경공부를 지루해 하지만, 또한 성경공부를 잘 가르쳐주는 것에 대한 기대를 가지고 있음을 반영한다.

구 분	결석 챙김	재미있는 성경 공부	기도를 많이 해주는	모범적 신앙 생활	고민 상담	잘 놀아 주는	전화 심방	사랑과 관심	간식 제공	예쁘고 잘생긴	합 계	결측치
빈도(명)	73	224	79	76	84	180	37	144	117	44	1,058	9
비율(%)	6.9	21.2	7.5	7.2	7.9	17	3.5	13.6	11.1	4.2	100	

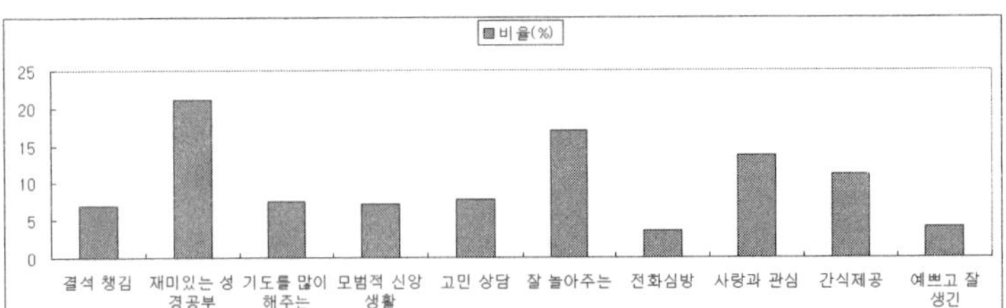

8) 전도에 관하여

아동이 전도해 본 경험이 있는지를 묻는 질문에 66%의 어린이는 전도를 해 본적이 있었고 나머지 33%는 해 본 경험이 없다고 응답하였다. 그리고 친구를 전도할 수 있는 가장 효과적인 방법이 무엇인지 묻는 질문에는 55.9%의 아동이 '교회에서 다양한 행사를 마련한다'로 대답하였고, 15.6%의 아동이 '간식이나 선물을 준다', 12.5%의 아동이 '학교 앞 전도'를 선택하였다.

구분	예	아니오	합계	결측치
빈도(명)	248	125	373	3
비율(%)	66.5	33.5	100	

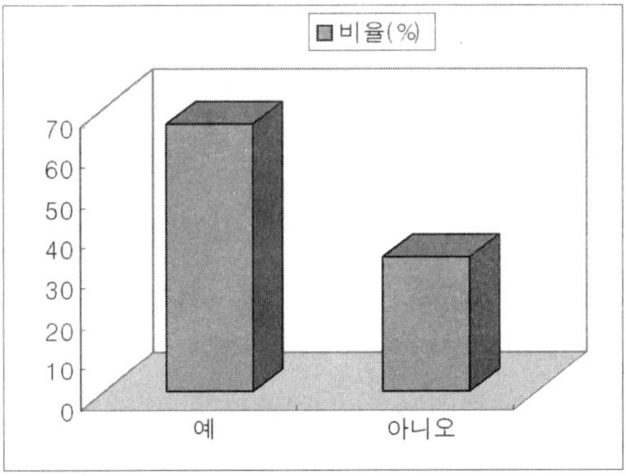

구분	교회의 다양한 행사	학교 앞 전도	간식이나 선물	기타	합계	결측치
빈도(명)	204	47	57	57	365	11
비율(%)	55.9	12.9	15.6	15.6	100	

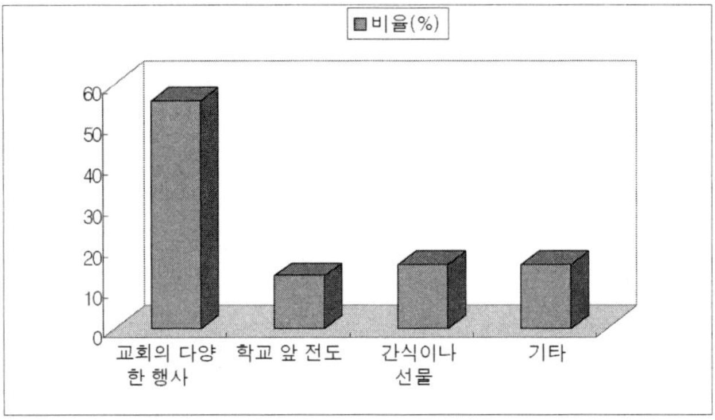

9) 놀토 프로그램에 관한 질문

아동이 선호하는 놀토 프로그램에 대한 질문에 27.9% 어린이가 '악기를 배우거나 스포츠를 함께하는 문화교실 프로그램'을 가장 선호하였고, 다음으로 26.2%가 '선생님과 자유롭게 노는 시간'을 선호하였다. 11%의 어린이는 부모님과 함께하는 프로그램을 원했다. 이와 같은 응답은 아동이 놀토를 주일의 교회학교 프로그램과는 구별하고 있다는 것을 나타내준다. 아동들은 토요일의 프로그램은 보다 여가성을 살리는 프로그램을 선호하고 있는 것으로 나타난다.

구 분	성경 공부	문화 교실	학교 공부 도움	부모님과 함께하는 프로그램	찬양과 율동	선생님과 노는 시간	기 타	합 계	결측치
빈도(명)	37	101	20	40	30	95	39	362	14
비율(%)	10.2	27.9	5.5	11.0	8.3	26.2	10.8	100	

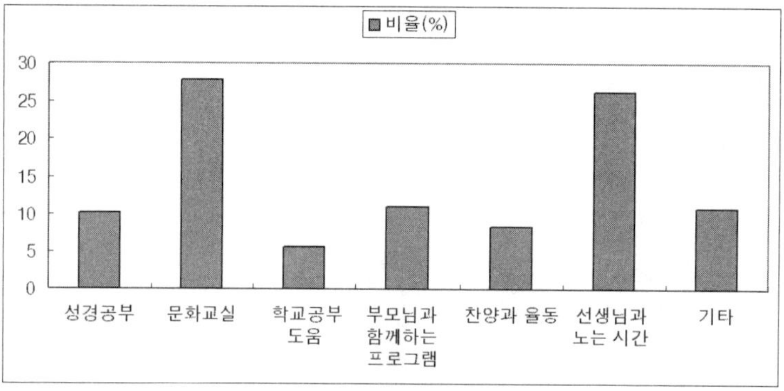

10) 설교에 대한 평가

전도사님(목사님)의 설교말씀이 얼마나 도움이 되는지 묻는 질문에 어린이의 약 85%가 보통 이상으로 설교말씀이 가정생활이나 학교생활에서 도움이 된다고 응답하였다. 설교가 가장 지루하다고 생각하면서도 설교말씀이 보통 이상으로 도움이 된다고 생각하는 아동이 85%가 된다는 것의 의미를 잘 새겨야 할 것이다. 아동은 흥미를 느끼는 것과 유익하고 도움을 주는 것의 차이를 구별할 수 있다는 것을 의미한다. 따라서 아동을 위한 설교를 반드시 흥미 위주로만 해야 한다는 것은 잘못된 생각임을 알 수 있다.

구분	아주 많이	많이	보통	조금	아주 조금	합계	결측치
빈도(명)	80	96	133	24	30	363	13
비율(%)	22	26.4	36.6	6.6	8.3	100	

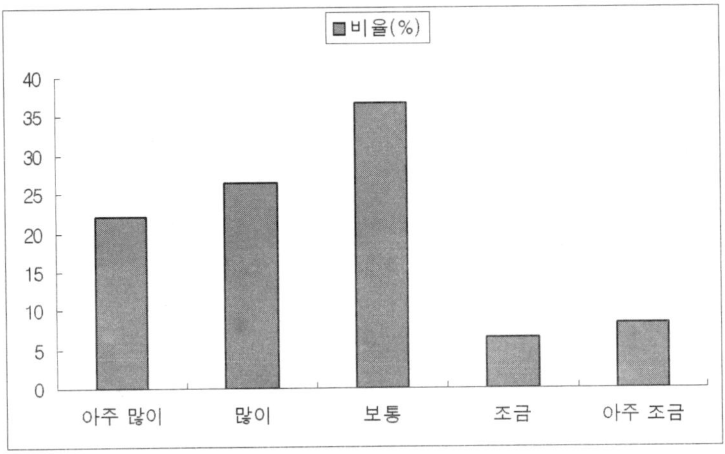

11) 아동이 선호하는 설교

아동이 선호하는 설교가 무엇인지 알아보기 위한 질문에서 41.5%가 '드라마나 영상을 보여주며 할 때' 가 가장 좋다고 하였고, 다음으로 37%가 '동화를 들려주듯 이야기식으로 할 때' 라고 응답하였다. 이와 같은 응답은 '구체적 조작기' 에 속하는 아동의 발달적 특성을 잘 반영하는 것으로, 이들은 추상적 내용을 설명하는 형태보다는 이야기식으로 하는 형태를 선호하는 것이다. 아동의 설교는 성인을 대상으로 하는 설교와는 그 형태가 분명히 구별되어야 함을 잘 드러내주는 내용이라고 할 수 있다.

구분	동화처럼 이야기식	교육자료를 활용하여	드라마나 영상 보여줄 때	설명식	기타	합계	결측치
빈도(명)	132	42	148	14	21	357	19
비율(%)	37	11.8	41.5	3.9	5.9	100	

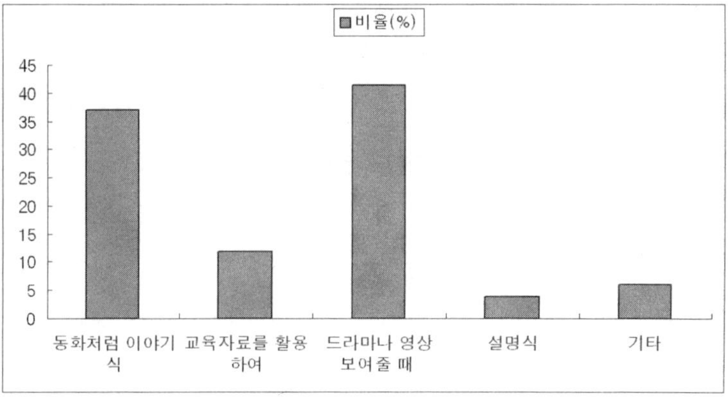

7. 연구 결과 논의 - 침체의 극복과 부흥 방안 모색을 위한 논의

이상과 같은 연구 결과들을 종합하여 침체의 극복과 부흥 방안 모색을 위한 각 항목별 논의를 정리해 보면 다음과 같다.

1) 교회학교의 수적, 질적 침체

조사 결과 교회학교에 직접적으로 관여하고 있는 교역자, 전문가, 교사들의 절대다수가 현재 아동 교회학교가 수적으로 침체되고 있다고 생각한다고 답하였다. 반면 교회학교가 아동에게 긍정적인 영향을 미치고 있는지에 대한 질문에는 여전히 다수가 긍정적 영향을 미치고 있다고 생각하고 있는 것으로 나타났다. 그러나 교회학교가 여전히 긍정적 영향을 미치고 있다고 보는 입장을 교회학교가 침체가 아니라는 의미로 해석할 수는 없다. 이것은 종단적 연구를 바탕으로 한 긍정적 입장의 증감 비교를 통해서 보다 분명하게 밝혀질 수 있으리라 사료된다.

2) 복합적 침체 요인과 복합적 부흥 방안

교회학교의 침체 원인은 다양한 영역에서 기인하는 것으로 나타났다. 응답자들은 교역자와 교사의 전문성 및 사명감 부족, 교육방법이나 프로그램의 문제도 침체의 원인이 되지만, 교회 자체의 신앙적 열정 저하, 교회 안에 침투한 물질적 · 세속적 가치관이 또한 문제의 근원이 되며, 더 나아가 우리나라의 입시 중심 교육

상황과 인터넷이나 교회학교 대체물들의 등장도 침체의 주원인이 된다고 생각하는 것으로 나타났다. 이것이 의미하는 것은 교회학교 침체가 단순히 교회학교에서만 비롯된 것이 아니라 교회 자체의 문제와 내적으로 연결되어 있고, 또한 사회 · 문화적 요인과도 연결되어 있는 복합적 문제라고 하는 것이다.

이와 관련하여 교사와 교역자, 전문가들이 교회학교 부흥을 위하여 시도해야 할 노력을 교육적 차원보다는 시대 · 문화적 차원에서 우선적으로 찾고 있다는 점을 주목할 필요가 있다. 교회학교의 부흥은 교사와 교역자, 교육시설이나 방법 등의 문제보다 유흥문화, 세속적 가치관, 인터넷, 게임, TV 등의 대체물, 물질적 가치관과 같은 문제를 교회학교가 어떻게 극복하고 해결하느냐에 달려있다는 것이다. 이와 같은 점에서 볼 때 교회학교 침체 극복과 부흥의 전략 모색은 교육적 차원, 교회적 차원, 사회 · 문화적 차원 모두를 포괄하면서 각 영역에서 전문적으로 시도되는 전방위적 노력을 요청하는 것이라고 할 수 있다.

3) 교사

응답자들(교사와 교역자, 전문가들) 모두 교회학교의 부흥을 위하여 '교육적 차원' 에서 가장 중요하다고 생각하는 것은 '교사 차원의 변화' 라고 답하였다. 또한 교육 환경에 관한 조사에서도 교회학교 침체에 영향을 주는 제1요인은 교사 및 인적 자원의 부족이라는 결과가 나타났다. 이것은 교사가 교회학교의 침체와 부흥에 가장 핵심적 요인의 하나가 된다는 것을 결정적으로 나타내는 것이라고 할 수 있다.

또한 '교사'가 교회학교 침체에 결정적 영향을 준다면 그것은 다른 어떤 것보다 '사명감 및 열정의 저하'에 그 원인이 있는 것으로 나타났고, 또한 부흥을 위하여 교사 차원에서 가장 우선적으로 이루어져야 할 노력은 '교사의 신앙적 각성 및 영성훈련'이라고 하였다. 같은 맥락에서 '교사대학'에서 강조되어야 할 가장 우선적인 것도 '교사의 영성훈련'으로 나타났다. 교사의 '영성훈련'이 교육적 지식 및 교육방법 훈련보다 우선적으로 필요하다는 것이다.

이 같은 결과는 '교사'야말로 교육적 영역에서 가장 중요한 요소이며, 부흥을 위해 교회학교가 가장 관심을 쏟아야 할 교육적 영역이 바로 '교사'라는 점을 다시 한 번 확인시켜 주었다. 또한 주목할 점은 교사에게서 우선적으로 중요한 것은 '사명감과 열정'인데, 이것은 다른 것보다 교사 자체의 '영성'과 관련이 있다는 것이다. 교사의 전문성보다 교사 자체의 존재의 문제가 가장 결정적인 요인이 된다는 것이다.

이와 같은 연구 결과는 한국 교회가 현재 실시하고 있는 '전문성 향상' 중심의 교사대학 형태를 보다 근본적으로 재고할 필요가 있음을 시사한다. 교사에게 필요한 사명감과 열정은 전문성에 앞서, 영성을 바탕으로 한 교사의 헌신도에 달려 있다. '교사대학'이 교사의 영성 형성을 도외시한 채 '전문성 형성'만을 강조한다면 결국 교회학교 부흥의 가장 핵심적인 문제를 빗겨가는 것이라고 할 수 있다.

4) 전담 교역자

아동 교회학교의 교육전도사나 교육목사와 관련해서 가장 큰 문제점으로 지적된 것은 이들의 '전문성과 경험 부족', 그리고 '해당부서에서의 짧은 사역 기간' 이라는 것이었다. 이것은 한국교회 교육전도사의 가장 핵심적 문제이다. 교육전도사들이 기독교교육적으로 훈련되거나 교육되지 않은 상태에서 교회학교 전도사 사역에 참여함으로써 교회교육을 비전문화하였다. 뿐만 아니라 이들은 한 부서에서 오랫동안 사역하지 못하고, 1, 2년 후 다른 부서나 다른 교회로 옮김으로써 교회학교 교육을 장기적인 차원에서 기획하거나 운영할 수 없도록 하는 요인이 되고 있다.

이와 같은 맥락에서 '교회학교의 부흥' 을 위한 질문에서도 전담교역자의 '교육' 이 가장 시급하고 중요하다고 지적되었다. 이들을 위한 교육은 '신학교에서의 교육전도사 교육' 에서 시작되어야 하고, 또한 '아동부 전도사를 위한 계속교육' 으로 이어져야 하는 것으로 나타났다. 또한 빈번한 자리 옮김 현상을 막기 위하여 '아동부 교역자의 전임제도 실시' 가 교회학교 부흥을 위하여 반드시 필요한 조건임이 지적되었다. 아동부의 전임교역자제도는 교회 자체의 교육의지에 달려 있다. 교회가 교육을 중시하고, 전임제를 실시하는 용단을 내리는 것은 교회의 교회학교 부흥의지에 달려 있는 것이다.

5) 담임목사의 교회학교 교육에 대한 인식

교회의 교회학교 부흥 의지는 담임목사의 의지와 직결됨에도 불구하고, 유감스럽게도 연구 결과는 담임목사의 '아동부 교육에 대한 장기적 비전 부족'과 '성인 중심 목회'가 교회학교 침체의 원인이라고 지적하고 있다. 이를 위해서 응답자들은 담임목사의 의식이 먼저 바뀌어야 한다고 지적하였다. 이들이 아동 교회학교와 다음 세대의 교육이 얼마나 중요한지 인식하는 것으로부터 교회학교의 부흥은 시작될 수 있을 것이라고 하였다.

이와 같은 담임목사의 교육적 인식 부족은 교회 자체가 '예배나 전도에 비해 교육을 부차적인 것으로 인식하는 분위기를 형성'하고, 이것은 '중직자 및 의사결정권자의 아동 교회학교 경시풍조'를 음으로 양으로 조장하며, 결국 교회학교에 대한 재정 및 인력 지원을 소홀히 하게 하는 악순환을 낳는다는 것이 조사결과 확인되었다.

그와 같은 점을 극복하고 부흥을 가져오기 위해서는 무엇보다 먼저 노회나 총회 차원의 목사 계속교육을 통하여 담임목사의 인식전환을 유도하는 것이 필요하고, 또한 동시에 '교육위원회'의 권한과 전문성을 강화하여 교육위원회 차원에서 '장단기 계획을 세우고, 이를 체계적으로 실천'해 나가야 할 필요성이 있는 것으로 지적되었다.

6) 부모

아동 교회학교의 침체와 부흥은 부모의 의지와도 직결된다. 아동을 대상으로 한 조사에서 나타난 바와 같이 현재 교회학교에 출석하는 아동의 약 77%가 부모가 모두 교회에 다니거나 어느 한쪽이 교회에 출석하고 있는 것으로 응답하였다. 또한 아동이 처음 교회에 나오게 된 것도 약 60%가 부모님과 함께 왔다고 답하고 있다. 다시 말하면, 아동이 교회학교에 오는 근본적 원인은 '부모'의 영향이라고 할 수 있다. 이것은 아동 교회학교의 침체와 부흥이 부모와 직접적으로 관련됨을 시사하는 것이다.

그런데 조사에 의하면, 부모의 가장 큰 문제는 '교회학교보다 세상교육에 대한 관심' 이며, '자녀의 신앙교육에 대한 의지 및 중요성 인식 부족' 으로 나타났다. 따라서 부모가 교회학교와 신앙교육의 중요성을 깨닫는 것이야말로 교회학교 부흥의 가장 우선적 과제라고 할 수 있다. 이와 맥을 같이하여 교회학교 부흥을 위하여 부모 차원에서 해야 할 가장 우선적인 과제가 '부모교육을 통한 자녀 신앙교육의 중요성 인식' 이라는 점이 나타났다. 또한 부모들이 교회학교를 신뢰하고 자녀를 보낼 수 있도록 부모와 교회 간의 의사소통 구조를 활성화시키고, 더 나아가 부모를 교회학교에 참여시키는 노력이 필요한 것으로 나타났다.

이렇게 볼 때 교회학교가 부흥을 위하여 '부모' 차원에서 해야 할 최우선적 과제는 부모들로 하여금 자녀의 신앙교육에 대한 중요성을 인식시키고, 이들의 신앙교육에 대한 의지를 일깨우는 것이라고 할 수 있다. 이 과제는 부모교실뿐만 아니라 교회의 다양한 채널, 즉 부모 초청 예배, 가정의 날 예배, 부부 세미나 등 모든 가능한 기회에 수행되고 강조되어야 할 것으로 보여진다.

부모가 교회학교의 결정적 요인의 하나라고 하는 것은 또한 아동 교회학교가 성인목회와 뗄 수 없는 관계에 있다는 것을 시사하기도 한다. 부모가 깨어 있어야 아동 교회학교가 활성화될 수 있고, 성인목회가 살아야 아동 교회학교가 사는 것이다.

7) 교회학교 침체와 부흥에 영향 미치는 시대 · 문화적 요인

앞서 살펴본 대로 응답자(교역자와 전문가와 교사)의 최다수가 '인터넷 게임, TV 등으로 인한 교회학교의 흥미 반감' 을 가장 중요한 시대 · 문화적 침체 요인으로 대답하였다. 이처럼 교역자와 전문가와 교사들이 '교회학교 대체문화' 를 교회학교 침체를 가져오는 첫 번째 시대 · 문화적 요인으로 꼽고 있는 반면, 그와 평행으로 조사된 아동의 선호도 조사에서는 약간 다른 대답을 발견하였다.

아동에게 주일학교에 오는 것이 즐겁지 않은 이유를 물었을 때 물론 20%의 아동이 'TV나 컴퓨터를 하고 싶어서' 로 답하였지만, 그보다 두 배가 많은 41%의 아동이 '자거나 쉬고 싶어서' 로 답하고 있다는 것이다. 아동이 교회학교에 출석하는 것을 방해하는 가장 큰 요인은 인터넷 등의 대체문화라고 하기보다는 오히려 그 시간에 '자거나 쉬고 싶기 때문' 이라는 것이다. 이 같은 결과는 거주지별로 교차 분석한 결과에서도 동일하게 나타나는 현상으로 대도시나 농 · 어촌을 막론하고 모든 거주지에 사는 아동들이 교회에 오고 싶지 않은 가장 큰 요인으로 '자거나 쉬고 싶기 때문' 이라고 답하고 있다.

오늘날의 아동이 주일 아침에 다른 어떤 것보다 자거나 쉬는 것을 선호한다는 것은 그만큼 이들에게 여가가 없다는 것을 의미한다. 교회학교는 보다 심도 있는 조사를 통해서 아동의 정확한 욕구를 조사하고, 그에 대처하는 부흥 프로그램을 모색해야 할 것이다.

8) 한국 교회가 직면한 문제와 극복

교회학교 침체에 가장 큰 영향을 미치는 한국 교회의 문제로 응답자의 최다수가 '세속적, 물질적 요소' 를 꼽고 있다. 이것이 '교회 자체의 침체' 나, '복음적이지 않은 신학' , '교회에 대한 사회의 부정적 이미지' 등보다 일차적으로 침체에 영향을 미치는 요소라는 것이다.

그런데 이처럼 세속적, 물질적 요소들이 교회에 영향을 미친다 해도 결국 '세상교육과 구별되는 사랑, 관심, 기도로 교육할 때' 이를 극복하고 교회학교의 부흥을 가져올 수 있다는 조사 결과를 얻었다. 응답자들 대부분은 오히려 교회가 인터넷이나 게임과 같은 대체문화를 수용해야 한다는 데는 부정적인 입장을 보이며, 세상문화와는 구별되는 교회학교 나름대로의 본질에 충실한 교육을 해야 한다고 생각하는 것으로 나타났다.

9) 교육 프로그램

교사와 교역자가 교회 속에 침투해 있는 세속적, 물질적 요소들이 영향을 미친다고 해도 교회학교는 '세상교육과 구별되는 사랑, 관심, 기도로 교육해야 한다' 고 응답한 것에 반하여, 학부모나 아동들은 교회의 교육 프로그램을 중시하고 있는 것을 조사를 통하여 발견할 수 있었다. 학부모들은 자녀가 출석하는 교회학교에 대한 불만족 이유 중 가장 첫 번째 이유를 '교육방법이나 프로그램의 문제' 로 지적하고 있었고, 그 다음으로 '교육 시설이나 교육환경' 을 지적하였다.

또한 아동들은 가장 효과적으로 전도할 수 있는 방법으로 '교회의 다양한 행사' 를 통하여 할 수 있다고 하였고, 학부모와 아동은 주 5일제 정착에 따라 교회학교가 '가족이 함께하는 주말프로그램' 이나 아동이 즐겁게 참여하는 '놀토 프로그램' 을 제공해 주기를 바란다고 답하였다.

이러한 결과들은 아동의 발달과 문화에 적합한 교육 프로그램이 교회학교 부흥에 반드시 필요한 요소임을 시사해 준다. 조사에 의하면, 아동이 가장 선호하는 프로그램은 친구들과 노는 시간, 율동, 찬양시간이었고, 가장 싫어하는 시간은 말씀 듣는 시간, 공과공부 시간으로 나타났다. 오늘날 교회학교가 가장 핵심으로 삼고 있는 말씀 듣기와 공과공부가 아동들에게 가장 지루한 시간으로 인식되고 있는 것은 이 영역에서의 새로운 노력이 시급하게 요청되는 것을 단적으로 보여주는 것이라고 할 수 있다. 뿐만 아니라 아동들은 자신들이 가장 선호하는 설교 방법을 '드라마나 영상을 보여주면서' (41.5%)와 '동화처럼 이야기식으로 할 때' (37%) 로 꼽고 있다. 이와 같은 결과들은 아동 교회학교는 화상세대에 속하는 아동의 문화에 적합한 의사 소통 방법을 바탕으로 적절한 교육 프로그램을 운영하고 실시해야 한다는 것을 말해 준다.

이상에서 살핀 대로 교회학교의 침체 요인은 교육의 어느 한 분야와만 관련되는 것이 아니라 교회 자체의 요인, 사회 · 문화적 요인 등의 다양한 요인들과 내적으로 서로 연결되어 있는 복합적 문제라고 할 수 있다. 그렇기 때문에 침체를 극복하기 위한 부흥의 방안도 침체 요인과 관련되는 모든 측면에서 시도되는 노력이 따르지 않으면 안 된다는 것을 알 수 있다.

조사 결과는 동시에 교회학교가 각 영역의 세부적 차원에서, 교역자, 전문가, 교사들뿐만 아니라 학부모와 아동의 욕구와 관심을 수렴하는 현실 반영적 부흥의 방안을 모색하지 않으면 안 된다는 것을 말해 준다.

V. 한국 아동 교회학교의 내일을 위한 발전 방안

앞에서 우리는 이미 설문 조사 결과를 통하여 각 영역에서 시도되어야 할 부흥 방안들을 살펴보았다. 그러나 설문 조사의 결과가 미시적인 영역에서의 구체적 요인들에 대해서 현실을 반영하는 발전 방안 마련에는 통찰을 주지만, 그 자체로 침체 극복의 전반적 방향을 제시하거나 기독교 교육철학적인 안목을 주는 것은 아니라고 할 수 있다. 따라서 한국 아동 교회학교의 내일을 위한 발전 방향을 모색하기 위하여 본 연구는 침체 요인과 발전 방안에 대한 설문 조사 결과를 하나의 축으로 하면서도, 이와 동시에 한국사회가 처한 시대 · 사회적 배경으로부터 출발하는 발전 방안을 다른 축으로, 그리고 더 나아가 아동 교회학교에 대한 교육철학적 안목을 또 다른 축으로 하여 통전적 발전 방향을 모색해 보고자 한다.

이를 위해 본 연구는 무엇보다 먼저 발전 방안에 대하여 다른 기독교교육 전문가들이 제안한 내용들을 문헌 연구를 통해 살펴보고자 한다.

1. 침체 극복을 지향하는 다양한 제언들

앞에서 우리는 여러 기독교교육 전문가들에 의해 제시된 교회학교 침체 요인들을 살펴본 바 있다. 여기에서도 먼저 여러 기독교교육 전문가들이 제안하고 있는 침체 극복의 방안들에 귀 기울여 보자.

박창건은 "유 · 초등부 교회 지도자의 기독교교육적 과제에서 오늘날의 교회학교가 가지고 있는 문제점을 지적한 후 21세기 패러다임에 맞는 교회학교 교육에 대하여 다음과 같이 제안하였다.[56)]

① 예배의 갱신을 통한 축제의 예배
② 사랑과 치유의 현장인 주일학교
③ 주일학교를 통해 교제와 공동체 의식 고취
④ 선교로 세계를 품는 비전 공동체
⑤ 인터넷을 통한 네트워킹과 상호 교제
⑥ 교회교육과 가정교육의 네트워킹

56) 박창건, "유초등부 교회 지도자의 기독교교육적 과제", 《교회교육과 지도자》(서울: 총신대학교 부설 기독교교육연구원, 2004), 79.

또한 "교사통신대학 편찬위원회"는 오늘날 교회교육의 현실을 진단하면서, 거기에 나타나는 문제점을 극복하고 교회학교를 갱신하고자 하는 방안을 크게 다섯 가지 차원에서 제안하고 있다. 편찬위원회의 제안은 특별히 교회학교의 기본 목적과 나아가야 할 방향을 중심으로 한 제안이라고 할 수 있다.[57)]

① 삶을 변화시키는 교육
② 전인적 삶을 추구하는 교육
③ 학교생활 지도 및 대중문화 교육
④ 청소년 신앙 성숙을 위한 교육
⑤ 공동체성 함양을 위한 교육

김희자는 그의 "교회교육구조 진단 및 분석에 관한 연구"에서 부흥하는 교회와 그렇지 못한 교회의 교육구조와 프로그램을 분석하고, 이를 바탕으로 교회학교의 개선 방안을 제시하는 연구를 하였다.[58)]

그녀는 장로교회 중에서 대, 중, 소형교회 29개를 선정하여 교육 구조를 분석하였고, 연구를 시점으로 5년간 증가 추세에 있는 교회(17개)와 감소 추세에 있는 교회(12개)를 비교하였다. 이를 바탕으로 그녀는 증가 추세에 있는 교회들은 지역사회에 적극적으로 참여하는 프로그램을 가지고 있고, 전도 프로그램이 다양하

57) 교사통신대학 편찬위원회, 《삶을 새롭게 하는 교회교육》(서울: 영문, 1999).
58) 김희자, "교회교육구조 진단 및 분석에 관한 연구 - 대한 예수교장로회(합동, 통합) 교단을 중심으로." 《기독교교육정보》 vol. 8(2004).

게 존재하고 있으며, 성실한 교사교육의 수행이라는 특징을 보이고 있었다고 밝히고 있다.[59] 뿐만 아니라 성장하는 교회의 교육계획은 특별히 교회학교 학생들을 돕기 위한 교육계획이 존재하고 그 프로그램을 실시하고 있었으며, 지역사회에 아직 구원받지 못한 사람들을 위한 다양한 프로그램을 가지고 있었고, 특별한 필요를 가지고 있는 사람들을 위한 배려가 있을 뿐만 아니라, 교육지도자가 최소한 3년 이상 교육을 담당하고 있었다. 반면 감소하는 교회는 목회적 차원이나, 구조적 차원, 교육적 원인이나, 행정적 원인에서 문제가 있었던 것을 나타내고 있었다. 이와 같은 분석을 바탕으로 그녀는 다음과 같은 교회학교 부흥의 방안을 제시하였다.

① 교회교육 행정의 전문화
② 교육 교역자의 전문화
③ 신앙공동체 형성을 위한 교육 프로그램 개발(지역사회와 연계성)
④ 교회 간의 디지털 네트워크 격차에 따른 불평등 구조의 해결

김도일은 한국 교회학교의 위기 상황을 분석하고 이를 바탕으로 부흥을 위한 전략을 모색하는 그의 글에서 다음과 같이 교회학교가 부흥할 수 있는 실제적인 전략을 제안하였다.[60]

59) 위의 글, 462.
60) 김도일, "한국 교회학교의 위기상황 인식과 부흥을 위한 전략 모색", 대한예수교장로회총회 교육자원부,《91회 교육자원부 정책세미나 자료집》, 2007. 2. 27.

① 목회의 체질 개선
② 성인교육과 제자훈련 병행
③ 교사훈련 실시
④ 포스트모던 시대에 대한 바른 이해를 바탕으로 교육과정 및 프로그램 개발
⑤ 주 5일제를 위한 프로그램, 영어성경공부반 운영
⑥ 교사의 성경에 대한 확신, 말씀의 바른 가르침
⑦ 신앙공동체화를 통한 전회중이 교육에 참여
⑧ 개신교인의 사회적 신뢰 회복

그런가 하면 박상진은 앞에서 살펴본 바 있는 그의 교회학교 침체 요인, 즉 학생들은 포스트모던적 삶을 살고 있는 반면 교회는 모던적 구조를 가지고 있는 데서 오는 문화적 간격을 극복할 수 있는 길을 다음과 같은 세 가지로 제안하고 있다.[61]

① 타문화권 선교적인 노력,
② 멀티미디어 교육으로의 전환
③ 관계 지향적 구조로의 개편

손원영은 주일학교 갱신의 모델을 제시하기에 앞서 지금까지 진행되고 있는 논의들을 세 가지로 설명하였다. 즉 주일학교 살리기 유형, 신앙공동체 유형, 그리고 대안교육적 유형이 그것이라고

61) 박상진, "한국교회학교의 위기분석과 그 대책", 《2004 총회 어린이와 청년의 해 교육지도자 대회 자료집》 (2004)

하였다.[62] 첫째, '주일학교 살리기 유형' 은 그에 의하면 기존의 주일학교를 다시 살릴 것을 강조하는 유형으로 이 유형에 속한 이론가들은 대부분 전통적이고 보수주의적 신앙관을 가지고 있다는 것이다. 이 유형은 기존의 주일학교를 살리기 위해 먼저 사회적 분위기에 부응하여 어린이의 '흥미' 중심으로 주일학교를 재구조화할 것을 강조한다. 이들은 기존의 예배 스타일을 대중문화를 기반으로 한 소위 '축제예배' 스타일로 전환할 것을 강조한다고 하였다. 따라서 이 유형은 신학적으로는 전통신학적 입장에 근거하고, 어린이의 재미를 기반으로 하는 교회 성장 지향의 유형이라고 말할 수 있다고 하였다.[63] 이 유형에 속한 예를 손원영은 김종준(꽃동산교회), 메빅, 윙윙 등을 들 수 있다고 하였다.

둘째 유형은 '신앙공동체 유형' 이라고 하였다. 이 유형은 주일교회학교를 신앙공동체적 차원에서 재구성하려는 시도로써 특별히 정웅섭과 은준관의 이론에 잘 반영되어 있다고 하였다. 그러나 정웅섭의 경우는 여전히 '교회학교' 라는 언어에 집착해 있기 때문에 '학교식' 이라고 하는 한계를 벗어날 수 없을 뿐만 아니라, 또한 교회학교가 '신앙-문화공동체' 의 범위에만 제한되고, 선교 · 교육공동체 및 민주적 · 참여적 공동체의 성격은 포함되지 못한다고 하였다.[64] 따라서 은준관의 경우 '교회 안의 작은 교회' 라고 하는 모델을 제시한 바 있다고 하였다.[65] 은준관은 교회학교가 하나의 신앙공동체로서 초대교회가 가지고 있었던 기능, 곧 케리그마,

62) 손원영, 《기독교문화교육과 주일교회학교》(서울: 대한기독교서회, 2002), 249 이하.
63) 위의 책, 251.
64) 정웅섭, 《현대 교육목회의 전개》, (서울: 한국신학연구소, 2001), 48-81.
65) 은준관, 《기독교교육 현장론》(서울: 대한기독교출판사, 1988), 189-209.

디다케, 친교, 선교라는 기능이 통전적으로 실천될 것을 제안하였다는 점에서 정웅섭의 입장과는 차별화를 두었다고 하였다. 그러나 손원영은 은준관의 입장이 학교형의 패러다임을 벗어나기 어렵고, 또한 JPIC와 같은 개념을 담아내기는 어려운 구조라고 하였다.

셋째 유형은 '대안교육적 유형' 이라고 하였다.[66] 이 유형은 주일학교가 처음 주일학교운동처럼 사회교육적 의미를 회복해야 할 뿐만 아니라, 교회당국의 특정 이데올로기만을 전수하려는 입장에 저항하면서 일종의 '대안학교' 로서의 역할을 해야 한다고 보는 입장이다. 이 유형은 전통적 한국문화 스타일의 교육 구조에 저항하고, 또한 노동자 자녀들을 위한 방과 후 교실의 운영이나 생태학교를 운영하는 등의 해방적 성격을 띠기도 하며, 교회가 적극적으로 대안학교를 운영해야 한다는 등의 입장을 견지하고 있다.

그와 같은 세 가지 유형에 대하여 손원영 자신은 '어린이교회' 라고 하는 개념을 제안하였다. '어린이교회' 는 첫째, 어린이교회학교를 더 이상 학교 패러다임으로만 보지 말고, 목회 패러다임으로 전환해야 한다고 하였다.[67] 둘째, 어린이교회의 신학적 토대는 평신도신학에 두어야 하며, 셋째, 어린이교회는 초대교회의 기능, 즉 케리그마, 레이투르기아, 디다케, 코이노니아, 디아코니아의 통전성을 띠어야 한다고 하였다. 그리하여 손원영은 어린이교회가 예배공동체, 교육 · 친교공동체, 선교공동체로서의 정체감을

66) 손원영, 《기독교문화교육과 주일교회학교》, 225.

67) 손원영은 이러한 입장의 하나의 예는 '새들백교회 어린이 사역' 을 들 수 있다고 하였다.

가져야 한다고 하였다.

손원영의 글은 '교회학교' 갱신의 문제를 교회학교의 정체성과 근본방향으로부터 숙고하고 있다는 점에서 다른 사람들의 대안과는 차별성이 있다. 그는 교회학교의 문제는 드러나는 침체 요인들만이 아니라 교회학교의 기본적 틀과 방향으로부터 접근해야 할 필요성을 탁월하게 보여주었다. 그러나 그의 대안은 넓은 의미에서 은준관의 '교회 안의 작은 교회' 개념과 매우 흡사하거나 거의 동일하다. 교회학교를 학교식으로가 아니라 목회적 패러다임으로 보아야 하고, 어린이교회는 예배와 교육 · 친교, 선교공동체를 지향해야 한다는 것은 근본적으로 은준관이 이미 제안하고 있는 '교회 안의 작은 교회' 개념과 큰 차별성이 없어 보인다.

이상의 교회학교 갱신 혹은 침체 극복을 위한 대안들을 살펴볼 때 대안들은 대충 세 가지 측면에서 이루어지고 있는 것을 발견할 수 있다. 첫째, 침체 요인을 제거하기 위하여 극복 방향을 제시하거나, 부흥하는 교회의 특성을 바탕으로 교회학교 부흥 전략을 제시하는 유형이다. 이 유형은 주로 교육적 요인들의 개선에 초점을 두었다. 이 유형은 박상진과 김희자의 예에서 찾을 수 있다. 둘째 21세기라고 하는 시대 · 문화적 배경에 맞는 교회학교 개선 방안 제시 유형이다. 이 유형은 21세기가 가지고 있는 포스트모던적 특성에 맞는 교회학교 운영을 제시하였다. 박창건의 예가 이에 속하고, 박상진의 제안도 침체의 요인을 문화적으로 접근하고 있다는 점에서 이에 포함된다고 할 수 있다. 셋째 교회학교의 기본적 틀과 방향을 근본적으로 숙고하면서 이를 바탕으로 개선 방향을 제시하는 유형이다. 손원영의 제안과 교사통신대학의 제안이 그것이다.

2. '재도전기'의 위기 극복과 발전을 위한 제언

위의 전문가들의 제언과 앞에서 살펴본 침체 요인들을 종합적으로 보았을 때 현재 한국 교회학교가 맞고 있는 재도전기의 위기 극복과 발전을 위한 방향 제시는 최소한 다음 세 가지의 차원에서 이루어져야 할 것으로 보인다. '침체 요인으로부터', '교회학교의 기본방향과 교육철학으로부터', 그리고 '21세기의 시대적 특성으로부터'가 그것이다. 구체적 침체 요인에서만 제안되는 교회학교 갱신의 전략은 좀더 실제적인 갱신의 방안을 제안할 수 있다는 강점을 가지고 있지만, 교회학교의 근본적인 방향이 무엇이어야 하는지에 대한 방향 설정 없이 이루어진다면, 단순히 수적 성장을 위한 부흥 전략이 될 수 있는 위험이 도사리고 있다. 반면에 교회학교의 기본적 방향설정에서만 부흥의 전략이 제시된다면, 현재의 교회학교가 겪는 침체의 요인들을 구체적으로 극복할 방향 제시로는 취약하다는 문제점이 있다. 마찬가지로 21세기의 시대적 특성만 출발하는 방향 제시는 21세기의 시대적 문제에 적합한 방안을 제시할 수 있지만 교육적 차원의 문제와 안목을 잃기 쉽다. 그런 의미에서 이 시점에서 재도전기의 위기 극복과 부흥을 위한 제안은 침체 요인, 교회학교의 기본방향과 교육철학, 그리고 21세기 시대적 특성이라는 삼중적 기초 위에서 시도되어야 할 것이다.

그런데 위의 침체 요인 분석에서 살펴본 바를 재고해 볼 때 실제적으로 침체요인 안에는 이 세 요소가 모두 포함되어 있었던 것을 알 수 있다. 전문가들의 글과 설문 조사를 통해 얻은 침체 요인은 이미 우리에게 교회학교의 침체가 단순히 교회학교 내부의 교육적 문제로부터 야기된 것이 아니라, 보다 근본적으로 교회적 문제와 교육철학 부재의 문제, 그리고 사회 · 문화적 문제 등과 내적으로 서로 얽혀 있는 복합적인 문제임을 말해 주었다. 그럼에도 불구하고 이 세 가지 측면을 분리하여 침체를 극복하고 교회학교가 나아가야 할 방안을 제안해 보고자 한다.

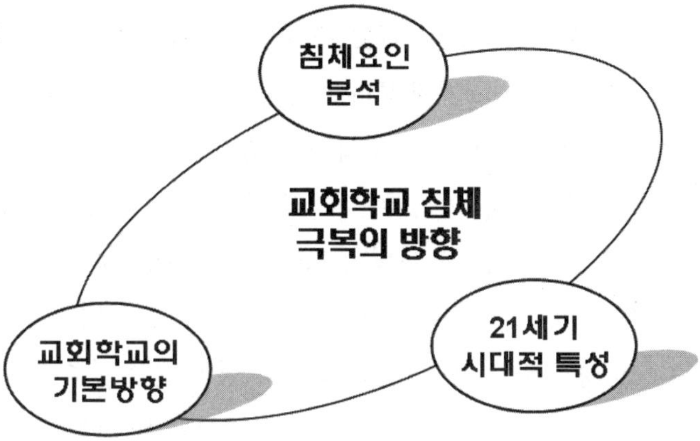

3. 시대적 특성에 근거한 발전 방안

앞에서 살펴본 바와 같이 한국 교회학교의 역사는 한국사회가 겪어왔던 시대적 상황과의 상호작용 속에서 이어져 왔다. 선교사에 의해 교회학교가 처음 시작된 것, 일제 강점기를 겪으며 위축기를 맞았던 것, 해방 이후 재건과 복구를 맞이하였던 것 등은 한국 교회학교의 역사가 시대적 요청에 응전하는 역사였음을 말해 준다. 따라서 이 시점에서 우리가 무엇보다 먼저 짚어야 할 것은 한국의 교회학교가 오늘날 처해 있는 시대적, 문화적 배경이 무엇인가 하는 것이다.

1) 포스트모던 사회의 상대주의 - 기독교적 정체성 형성, 문화사명

우리가 처해 있는 사회 그리고 당분간 계속될 포스트모던 사회의 특징을 몇 가지로 정리해 본다면 상대주의와 종교다원주의, 물질주의와 쾌락주의, 자기중심주의, 과학과 신비주의의 혼재, 영성에 대한 관심과 왜곡된 영성 추구, 지식 정보 사회, 가정의 붕괴 현상을 들 수 있다.[68] 포스트모더니즘은 "인간이 이성과 과학의 힘을 믿고 역사의 발전에 대한 낙관적 희망을 갖던 모더니즘 사상이 붕괴됨으로써 나타난 서구문명의 쇠패와 병적 현상 및 이를 극복하고자 하는 시대 사조이다". 따라서 포스트모던 사회에서는 보편적 진리를 추구하기보다는 다양성을 추구함으로써 상대주의와 종교다원주의를 표방하게 된다.

이와 같은 시대적 특징이 재도전기의 교회학교의 방향에 주는 시사점은 교회학교야말로 그 어떤 것보다 아동들에게 바른 기독교적 정체성 형성의 장이어야 한다는 것이다. 상대주의와 종교다원주의가 일반화된 시대를 사는 아동들이 기독교인으로서의 정체성을 형성하고, 구별된 삶을 살도록 돕는 것이야말로 이 시대를 사는 교회학교의 일차적 과제가 아니겠는가.

---

68) 김성수, "변화하는 사회와 교회교육적 대처,"《교회와 교육》(2004. 겨울): 40-49.

뿐만 아니라 교회학교는 포스트모던 사회에 대한 '문화 사명'을 감당하는 기관이 되어야 한다. 아동들이 상대주의와 다원주의 사회에 휩쓸리지 않는 것에서 머무는 것이 아니라 세속문화를 하나님 나라의 문화로 변화시키는 문화 사명자로 세우는 기관이 되어야 한다. 이것이 의미하는 것은 아동 교회학교가 단순히 아동의 성장을 보조하는 기관으로 머무는 것이 아니라 '아동 사역자'를 세우는 보다 적극적 기관이 되지 않으면 안 된다는 것을 의미한다.

2) 물질주의와 쾌락주의 - 삶을 변화시키는 교육, 전인적 신앙 형성

포스트모던 사회가 가지는 특징, 즉 절대적 가치의 상대화 현상에 쉽게 자리잡을 수 있는 것이 물질주의와 쾌락주의이다. 절대적으로 추구하는 가치가 없어진 자리에는 인간의 기본적인 욕구를 만족시켜주는 물질주의와 쾌락주의가 그 어떤 것보다 손쉽게 자리잡을 수 있기 때문이다. 그러나 물질주의는 소비주의를 낳고, 소비주의는 또한 철저하게 이기적이며 자기중심적 인간형을 낳는다. 소비주의의 노예가 된 인간은 타인과의 비교를 통해 타인보다 더 많이 소유하려는 욕망과 경쟁을 하게 되고, 그 과정에서 자기과시적 소비를 통해 사회적 위치를 인정받으려는 욕망을 갖게 되며, 타인의 시선을 통해 자신을 확인하려는 타율적인 존재가 된다. 따라서 물질주의는 이기적이면서도 타율적 삶의 양태를 양산한다. 물질주의와 소비주의의 또 다른 이름은 쾌락주의이다. 절대적 가치가 상대화된 자리는 좋고 싫음을 중심으로 결정하게 되는 쾌락주의가 들어선다. 이와 같은 쾌락주의는 오늘날 한국사회에서 주 5일제의 여가문화와 인터넷과, PC방, 게임, 모바일 문화 등과 연결되어 오늘날의 아동문화에도 결정적인 영향을 주고 있다.

물질주의와 쾌락주의의 문화에 응답하는 교회학교는 근본적으로 아동의 삶을 변화시키는 교육, 전인적인 신앙 형성 교육으로 나아가지 않으면 안 된다. 교회학교는 물질주의와 쾌락주의, 소비주의의 세상에서 실제로 기독교인으로 살아갈 수 있는 아동을 키우는 곳이 되어야 하기 때문이다. 단순한 지식 위주의 객관적 성경공부나 흥미 위주의 교육의 틀을 깨고, 보다 근본적으로 학생을 변화시키는 교회학교가 되지 않으면 안 된다. 학생들이 말씀과 기독교적 가치관을 내면화할 수 있는 성경공부가 되어야 하고, 지식 중심이 아니라 전인적 수업과 통전적 교육으로 나아가야 한다.

3) 자기중심주의 - 관계지향적 구조, 신앙공동체 형성

포스트모더니즘의 또 하나의 특징은 '자기중심주의' 이다. 절대적 가치가 상대화한 자리에는 다른 사람이나 다른 장소로부터 사고의 권위를 찾기보다는 '자기' 가 세상의 중심이고, 세상이 자기를 중심으로 돌아간다는 자기중심적 사고가 자리잡는다. 보편적 정신이 결정적으로 타격을 받은 사회에서는 이제 도덕과 선을 훈계할 필요가 없어졌고, 오히려 탐욕적 이기주의가 사회의 공동선을 창조하는 시대가 되었으며, 개인의 물질적 욕망보다 더 위대하고 중대한 가치는 없는 사회가 된다.

따라서 자기중심주의 사회에 대한 교회학교의 응전은 다른 어떤 것보다 '관계 지향적 구조'를 형성해야 한다는 것이다. 개인 중심의 교육이 아니라 관계를 통해서 교육하고 관계를 형성하는 구조로 전환되어야 한다는 것이다. 그런 의미에서 교회학교는 그 자체로 '신앙공동체'가 되어야 할 필요가 있다.

4) 과학적, 신비주의적 생활양식 - 아동 영성 형성 교육

포스트모던의 사회는 또한 과학과 지식정보의 사회이면서도 동시에 이와 상반되는 주술적이고 신비주의적 생활양식이 혼재하는 사회의 특성을 보인다. 과학과 이성 중심의 근대를 지나 사람들은 여전히 과학과 지식 정보에 의존해 있지만, 그것을 뛰어넘어 감성과 영성 등 다른 측면에도 관심을 기울이는 사회이다. 그 어느 때보다 과학이 발달한 사회이지만 그와 나란히 뉴에이지, 요가, 선불교운동 등 다양한 영성운동이 확산되는 것은 이에 대한 좋은 예이다. 그러나 우리가 주목할 것은, 이 시대가 영성에 대한 관심이 늘어난다고 해서 그것이 모두 건전한 기독교적 영성은 아니라는 것이다. 인간의 신비적인 것에 대한 갈망, 영적인 것에 대한 갈망은 다양한 왜곡된 영성의 추구로 나타날 것이다.

이와 같은 사회에서 교회학교는 아동들이 건전한 영성을 형성할 수 있도록 돕는 교육을 실현해야 한다. 지난 수세기 동안 기독교교육은 아동의 인지발달적 특성상 영성을 말하기는 어려운 시기라고 진단하고, 아동의 영성 형성에 관심을 기울이지 않았다. 그러나 포스트모던적 사회의 도전에 응전하면서 서구에서는 소위 "아동의 영성(children spirituality)' 연구 및 아동 영성교육이 활발하게 전개되고 있다.[69] 한국의 아동 교회학교도 이와 같은 사회적 상황에 직면하여 '아동의 영성 형성 교육' 에 보다 적극적으로 관심을 기울여야 하고 영성 분별을 할 수 있는 건전한 청소년으로 성장하도록 도와야 할 것이다.

5) 지식 정보화 사회 - 멀티미디어 교육으로의 전환, 사이버상의 교육

또한 21세기의 한국사회는 지식 정보화 사회라고 칭할 수 있다. 21세기의 정보화 사회는 정보와 지식에 의해 모든 것이 통제되는 지식 정보화 사회이다. 인터넷과 IT산업의 발달로 아동이나 성인에게 있어서 사이버상이라는 장은 제3의 삶의 장이요, 공동체로서의 위치를 점유하게 되었다. 이것은 아동에게 유해한 여러 가지 작용을 하기도 하지만, 동시에 아동 교회학교에게 시공간을 초월한 정보교환과 상호관계를 형성할 수 있는 장이 될 수도 있다. 따라서 21세기 교회학교 갱신은 지식 정보화 사회라는 시대적 배경에 대한 고려 없이 이루어져서는 안 될 것이다.

교회학교는 무엇보다 지식 정보화 사회에 문화화된 아동들에게 적합한 교육과 의사소통 양식으로 다가가야 할 것이다. 이를 위해 교회학교 교육의 멀티미디어 사용 교육으로의 전환이 요청된다. 공과공부 방법만이 아니라 예배와 설교의 형태, 상담이나 친교의 형태 등 모든 영역에서 멀티미디어 교육으로의 전환이 요청된다.

69) 참조, Donald Ratcliff(ed), children Spirituality, (Eugene: Cascade Books, 2004), D. Hay, R.Nye, R.Murphy, "Thinking about childhood spirituality: review of research and current directions", 1996.

또한 인터넷을 통한 네트워킹과 상호교제의 장을 마련하는 것이 새로운 시대 교회학교 교육의 중요한 과제가 될 것이다.

6) 전통적 가정의 붕괴 - 사회적 약자를 배려하는 교육, 가정과의 네트워킹 형성

포스트모던 시대의 또 하나의 특성은 전통적 가정의 붕괴 현상이다. 전통적 가정을 중심으로 움직였던 삶의 양식은 바뀌어 다양한 형태의 생활 스타일이 나타난다는 것이다. 한국사회도 이미 높은 이혼율을 나타내고 있고, 그에 따라 편부모가정이 늘어나고 있으며, 혼전 동거, 무자녀 가정, 독신 성인 등이 늘어가고 있다. 뿐만 아니라 불안한 가정, 병든 가정, 붕괴된 가정 등이 사회문제가 되고 있다. 이와 같은 현상은 아동 교회학교에 하나의 도전이 된다.

이와 같은 현상에 대해서 교회학교는 사회적 약자를 배려하는 교육의 사명을 감당해야 할 것이다. 교회학교는 편부모가정이나 붕괴된 가정의 자녀들을 돌보는 교육적 기관이 되어야 한다. 오늘날 교회학교의 뿌리인 영국의 주일학교운동이 사회적 약자를 배려하는 것에서 시작되었다는 점은, 교회학교의 근본적 과제는 언제나 사회적 약자를 배려하는 교육이 되어야 한다는 것을 시사한다.

이와 나란히 교회학교는 가정과의 네트워킹을 형성하면서 가정이 신앙교육의 장이 되도록 돕는 역할을 담당해야 할 것이다. 붕괴된 가정을 돌보는 과제만이 아니라 가정이 붕괴되지 않도록 돕는 교육, 부모들이 신앙교육을 바르게 감당할 수 있도록 돕는 부모교육 등도 이 시대 교회학교의 중요한 사명이다.

- 상대주의, 종교다원주의 → 기독교적 정체성 형성 교육, 문화 사명을 감당
- 물질주의, 쾌락주의 → 삶을 변화시키는 교육, 전인적인 신앙 형성 교육
- 자기중심주의 → 관계 지향적 구조 형성, 교회학교의 신앙공동체화,
- 과학과 신비의 혼재 → 바른 영성 형성 교육
- 지식 정보화 → 멀티미디어 교육으로의 전환, 네트워킹 형성
- 가정 붕괴 → 사회적 약자 배려, 가정과의 네트워킹 형성

〈시대적 특성에 근거한 발전 방안〉

4. 교회학교의 철학에 근거한 발전 방안

앞서 고찰한 대로 손원영은 '교회학교' 라는 이름을 포기하지 않는 한 교회학교는 근본적으로 '학교식(schooling)' 의 형태를 벗어날 수 없다고 하면서, '어린이 교회' 라고 하는 새로운 개념을 제창한 바 있다.[70] 그렇지만 우리의 교회학교 위기는 '명칭' 때문에 발생한 것이 아니라 그 안에서 이루어지는 교육과 교육 주변적인 것과의 상호작용에서 발생한 것이라고 볼 때, 명칭을 바꾸는 일은 그다지 중요한 문제라고 보여지지 않는다. 사실 그가 제시하는

70) 그는 정웅섭이나 은준관의 신앙공동체적 입장도 결국 '교회학교' 라는 이름을 포기하지 않는 한 '학교식' 형태를 벗어날 수 없다고 하였다. 손원영,《기독교문화교육과 주일교회학교》.

'어린이 교회' 개념도 이름만 다를 뿐 은준관이 제시하고 있는 "교회 안의 작은 교회"로서의 교회학교 개념과 거의 같다. 그렇다면 관건은 명칭을 바꾸는 것이 아니라, '교회학교'가 어떠한 교육을 추구하여야 하는가? 어떠한 공동체가 되어야 하는가? 가 관건이라고 할 수 있다.

실제로 '교회학교'는 명칭이 어떻든지 한국 교회를 대표하는 거의 유일한 '대중적 기독교 교육기관'이다. 우리는 이를 대체할 수 있는 다른 어떤 교육기관도 가지고 있지 않을 뿐만 아니라, '교회학교'가 지금껏 교회와 사회에서 형성한 대표적 교육기관으로서의 명성과 기능을 포기할 필요는 없는 것으로 보인다.

또한 '교회학교'라는 이름이 반드시 '학교식' 교육이라는 형태만을 대표하는 명칭이라고 볼 필요는 없다. 교회학교는 '교회'와 '학교'가 합하여 이루어진 합성어이다. 그 말은 교회학교는 다른 어떤 학교가 아니라, 교회에 의해서 이루어지고, 교회 안에서 이루어지는 학교이기 때문이다. 그리고 생각하기에 따라서 교회학교는 오히려 '교회성'과 '학교성'이라고 하는 두 측면의 장점을 동시에 가진 교육기관으로서, 교회성이 담보하지 못하는 것을 '학교성'이 담보하고, '학교성'이 담보하지 못하는 것을 '교회성'이 담보하는 상호보충적인 개념일 수 있다. 그런 의미에서 볼 때 교회학교는 큰 두 가지의 방향성을 가지는 교육의 장이라고 할 수 있다. 교회성과 학교성이 그것이다.

1) 교회로서의 교회학교

교회학교의 기본방향은 무엇보다 교회성으로부터 설명되어야 한다. 교회학교는 교회성을 본질로 하는 한 하나의 '교회' 여야 한다. '교회' 란 예수 그리스도의 몸 된 유기체로서 신앙의 공동체이다. 교회는 예수 그리스도를 주로 고백하는 성도들의 공동체이고, 그리스도를 머리로 받들면서 신앙과 사랑의 내적 성장과, 밖으로는 새로운 지체들에게 그리스도를 증거함으로써 외적 성장을 이루어가는 공동체이다.

교회학교가 교회성을 가진 교회라 함은 교회학교가 하나의 교회로서의 기능을 수행해야 함을 의미한다. 교회학교는 그런 의미에서 단순히 좁은 의미의 '교육' 만을 담당하는 기관으로 머무는 것이 아니라, 하나의 온전한 교회로서 교회의 전통적 기능인 예배, 친교, 선교, 봉사, 교육의 기능을 담당하여야 한다.

교회학교는 그리스도를 머리로 받드는 공동체로 인간이 주인이 되는 공동체가 아니라 그리스도와 그리스도를 보내신 하나님을 주인 삼는 공동체이고, 하나님께 감사와 영광을 돌리는 **예배공동체**여야 한다. 그런 의미에서 오늘날 교회학교의 예배공동체성 회복은 교회학교 갱신과 부흥의 가장 중요한 과제 중 하나라고 할 수 있다. 교회학교의 예배는 단순히 교육적 연습이 아니라 그 자체로 온전히 하나님께 드리는 예배여야 한다. 그래서 아동예배는 무엇보다 먼저 하나님의 초월성이 드러나고 예수 그리스도가 중심이 되는 예배여야 한다. 아동예배도 하나님께 드려지는 예배라면 아동이 중심이 되는 예배가 아니라 하나님이 중심이 되는 예배여야 한다.

동시에 아동이 하나님께 예배드린다는 것은 아동이 자신을 열고 하나님과 만남을 경험하는 예배가 되어야 한다는 것을 의미한다. 이것은 아동의 예배가 아동의 커뮤니케이션 방식을 바탕으로 드려지지 않으면 안 된다는 것을 의미한다. 이것은 포스트모던 사회를 사는 아동의 언어와 아동의 자기표현 방식, 그들의 의사 소통 방식을 고려한 예배로의 전환을 요청한다.

또한 교회학교는 그리스도의 몸 된 유기체로서 지체들 간에 친교와 사귐이 있는 **친교 공동체**여야 한다. 교회학교는 지식을 전수하는 것에서 그치는 것이 아니라 교사와 학생 간에 관계가 형성되고, 사랑의 나눔이 이루어지는 장소가 되어야 한다. 교회학교는 신앙공동체의 관계구조와 삶의 나눔을 통해서 배움이 형성되는 구조가 되어야 한다. 사회는 이기적이지만 교회학교는 사랑을 주고받는 자리가 되어야 하고, 사회는 경쟁적이지만 교회학교는 협동을 배우고 실천하는 장소가 되어야 하며, 사회는 우수한 학생이 대접받지만 교회학교는 모든 아동이 대접받는 장소가 되어야 한다. 교회는 사랑과 치유의 현장이 되어야 한다. 따라서 친교공동체로서의 교회학교는 개인중심적 교육에서 관계지향적 교육으로의 전환을 요청한다.

또한 교회학교는 사도행전 2장과 4장에 나타나는 초대교회처럼 내적으로는 신앙과 사랑의 성장을, 외적으로는 새로운 지체들에게 그리스도를 증거함으로써 외적 성장을 이루어가는 **선교공동체**이다. 이것은 아동 교회학교가 단순히 아동을 교육적으로 보살피는 기관으로 머무는 것이 아니라 아동이 선교에 동참하는 평신도 사역자로 부름받고 훈련받는 공동체가 되어야 함을 의미한다. 교회학교는 아동을 자신의 삶의 현장, 가정과 학교, 또래집단에서 예수 그리스도의 증인으로 살도록 인도하는 공동체가 되어야 하고, 그들의 삶이 예수 그리스도를 반사하고, 그들의 삶에 하나님의 형상이 구체화되는 삶을 살도록 인도하는 공동체여야 한다. 선교공동체로서의 교회학교는 아동을 돌봄의 대상으로 보는 나약한 아동관에서 평신도 사역자로서의 아동관으로의 전환을 요청한다.

교회학교는 또한 **봉사 공동체**여야 한다. 교회는 수직적 차원의 하나님 사랑과 수평적 차원의 이웃 사랑을 실천하는 공동체이다. 하나님 사랑이 예배공동체로 표현된다면 이웃 사랑은 봉사공동체로 표현되어야 한다. 그래서 교회학교는 이웃에 대한 책임성, 역사에 대한 책임성이 가르쳐지고 또한 수행되는 곳이어야 한다. 교회학교는 정의와 평화 창조세계의 보존이라는 대사회적 책임이 수행되는 장소여야 한다. 봉사공동체로서의 교회학교는 교회학교의 장을 교회의 울타리에서 세상을 향하는 교육으로 확대하는 것을 의미하며, 앎을 위한 지식 위주의 교육, 객관적 지식전수의 교육에서 삶을 위한 교육, 삶을 변화시키는 교육으로의 확대를 의미하는 것이다.

교회학교는 또한 말할 것도 없이 '가르침' 의 사역을 잘 감당해야 하는 **교육공동체**여야 한다. 신앙의 내용과 전통, 교리를 전수하는 가르침의 사역을 감당하고, 전통의 전수기능을 감당해야 한다. 교회의 가르침의 사역은 무엇보다 기독교 전통의 핵심인 '말씀' 을 기초로 해서 이루어져야 한다. 그것은 무엇보다 말씀이 스스로를 드러내고 변화시키는 힘에 의존해야 한다. 말씀이 스스로를 드러내고 변화시키는 힘은 학습자가 그것을 단순히 객관적 지식으로 아는 교육으로 그치는 것이 아니라 학습자의 실존과 만나고 학습자의 중심을 변화시키는 힘으로 나타난다. 교육공동체로서의 교회학교는 따라서 말씀의 역동적 힘에 의지하여 가르치는 공동체이고, 그런 의미에서 학습자의 중심을 변화시키고, 삶을 변화시키는 교육으로의 전환을 요청한다.

이상에서 본 바와 같이 교회학교가 교회성을 가졌다는 것은 교회학교야말로 목회적 기능이 모두 수행되는 곳이어야 한다는 것을 의미한다. 교회학교는 단순히 교육기관으로서만이 아니라 양을 먹이고 키우는 목양이 이루어지는 장소라는 것이다. 따라서 교회학교의 교역자는 단순히 정해진 시간에 가르치면 끝나는 파트타임 사역자들이 아니라 학생을 전인적 차원에서 돌보는 목자가 되어야 한다. 교회학교 사역은 오늘날 많은 아동부 교육전도사들이 잠시 학비를 벌기 위한 아르바이트 정도로 생각하는 식의 사역으로는 안 된다는 것이다. 교회학교의 지도자는 학생들이 목자 잃은 양처럼 방치되는 곳이 아니라, 학생의 모든 삶의 자리에서 관계의 끈을 유지하고, 좋은 곳으로 인도하는 목자의 역할을 해야 한다. 교사와 교역자는 학생의 멘토가 되어야 하고, 상담자가 되어야 하며, 코치가 되어야 한다. 양을 위하여 자신의 목숨조차 내어놓는 선한 목자 예수님의 뒤를 따르는 진정한 목회자여야 한다. 그렇게 볼 때 교회학교 지도자상은 '교사' 의 모델에서 '목자' 의 모델로의 전환이 필요하다.

- 예배공동체 - 어린이가 중심이 되는 예배가 아니라
  → 하나님의 초월성과 예수 그리스도가 중심이 되는 예배로, 어린이의 의사 소통 방식으로 이루어지는 예배로 전환
- 친교공동체 - 개인 중심적이 아니라
  → 관계지향적으로 전환
- 선교공동체 - 나약한 교육의 대상으로만이 아니라
  → 평신도 사역자로서의 아동관으로 전환
- 봉사공동체 - 교회에 머무르는 교육이 아니라
  → 세상을 향하는 교육으로 전환
- 교육공동체 - 말씀을 객관적 지식으로 가르치는 교육이 아니라
  → 학습자의 중심을 변화하고, 삶을 변화시키는 교육으로 전환

〈교회로서의 교회학교〉

2) '학교' 로서의 교회학교

교회학교는 또한 '학교' 이다. 학교로서의 교회학교가 갖는 가장 본질적 특징의 하나는 '합목적성' 이라고 할 수 있다. 학교는 가르치는 자와 배우는 자가 교육을 위해 모이는 장소이다. 그곳은 가르침을 목적으로 하는 교사가 계획된 커리큘럼에 따라 가르침을 수행하는 곳이다. 그렇기 때문에 '학교' 로서의 교회학교는 합목적성을 갖는 기관이어야 한다.

합목적성이란 **'의도성'** 의 다른 이름이다. 합목적성 혹은 의도

성은 '교회' 로서의 교회학교가 자칫 빠지기 쉬운 무의도성을 보충하는 개념이 된다. 교회학교가 교회라고 하였을 때, 그것은 학교라고 하는 협의의 개념을 넘어서서 삶을 나누고 관계를 통해 일어나는 모든 경험을 포괄하는 개념으로 확대된다. 그러나 그것은 자칫 교회라는 장에서 일어나는 모든 형태의 경험과 사회화를 지칭하면서 오히려 의도성을 상실하게 되고, 교회학교가 지향해야 할 방향을 향하여 나아가는 목적성을 상실할 수 있다.

그러나 교회학교가 교회이면서 동시에 '학교성' 을 만족시켜야 한다고 했을 때 그것은 교회 안에서 모든 경험을 포괄하면서도, 이들을 합목적적으로 운영해야 한다는 것을 알 수 있다. 교회학교는 아동의 전인적 신앙 경험 모두를 포괄하는 개념이어야 하지만, 이것을 합목적으로 구성하고 보다 의도적으로 운영하는 곳이 되어야 한다는 것이다. 이것은 교회적 경험이라는 이름으로 모든 경험들이 무차별적으로 수용되는 것을 막을 수 있고, 또한 모든 경험이나 활동들이 합목적적으로 구성되게 함으로써 교회로서의 교회학교가 보다 교회적이 되게 하는 요인이 될 수 있다.

학교로서의 교회학교가 갖는 또 하나의 특성은 **'전문성'** 이라고 할 수 있다. 학교는 가르침의 일이 전문적으로 일어나는 곳이다. 학교는 가정이나 교회 일반에서 삶으로 일어나는 교육과는 구별되어, 전문적으로 훈련받은 '교사' 에 의해서, 전문적으로 구성된 커리큘럼에 따라서 전문적 교수방법에 따라 가르침이 일어나야 하는 곳이다.

교회학교가 '학교성' 을 갖는다고 했을 때 교회학교는 '전문성' 을 담보하는 기관이 되어야 한다는 것을 의미한다. 이것은 교사와 교역자가 전문성을 확보해야 한다는 것을 의미하며, 교육의 내용과 방법에서 전문성이 확보되어야 한다는 것을 의미한다. 앞에서 살펴본 바와 같이 오늘날 교회학교 침체 요인으로 대부분의 전문가들이 꼽고 있는 것은 교회학교의 비전문성이었다. 그러나 학교로서의 교회학교 개념은 교회학교가 '전문성' 을 담보하는 기관이지 않으면 안 된다는 것을 말해 준다. 교회학교가 본질적으로 '학교' 여야 한다는 것은 비전문성을 극복하고 전문성을 지향해야 함을 의미하며, 그런 의미에서 학교성에 충실한 교회학교야말로 오늘의 침체문제를 해결하는 하나의 열쇠가 되기도 한다.

학교로서의 교회학교의 또 다른 특성은 그것이 **'예비성'** 의 특징을 가졌다는 것에 있다. 학교는 아동이 가정을 떠나서 사회에 나가기 전에 사회적 기술들을 습득하고 훈련함으로써 독자적 사회인으로 서도록 돕는 준비 장소이다. 학교에서 학생은 아직 완성되지 않은 존재이기에 실수가 용납되고, 기다려 줄 수 있는 특별한 지위가 부여된다. 교회학교를 하나의 완전한 교회로 인정하는 것은 아동을 선교와 봉사의 직분과 증인으로서의 사명을 다하는 평신도 사역자로 인정하는 것이지만, 거기에는 아직 완성되지 않은 아동을 위한 특별한 배려의 개념이 간과되기 쉽다. 그러나 학교로서의 아동 교회학교는 그야말로 아동 공동체의 특수한 직위가 인정되는 곳이다. 그곳은 아동이 갖는 사회적 약점이 고려되는 곳이고, 교회의 모든 목회적 요소를 포함하는 온전한 교회이지만, 동시에 '예비적 장소' 로서의 배려가 있는 곳이 되어야 한다

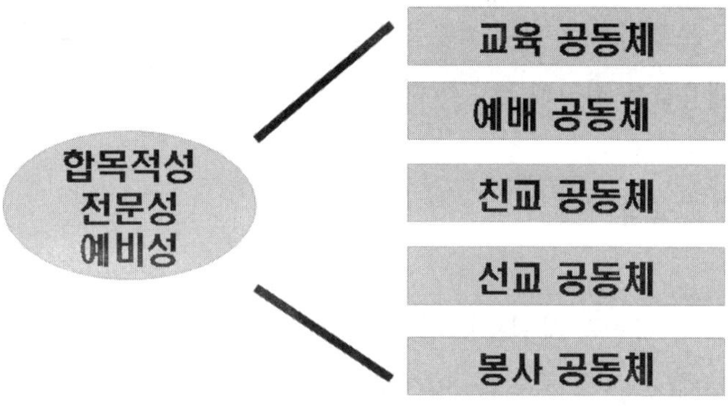

〈 교회성과 학교성을 함께 지향하는 교회학교 〉

교회성과 학교성을 함께 지향하는 교회학교는 위의 표에서 보는 바와 같이 교육, 예배, 친교, 선교, 봉사가 모두 함께 가는 교회적 본질체인 충실한 기관이어야 하며, 동시에 이것이 합목적성, 전문성, 예비성이라는 학교성의 구성 원칙으로 운영되는 기관이어야 할 것이다.

5. 침체 요인에 근거한 발전 방안

교회학교의 발전 방향을 구상하는 데 고려해야 할 마지막 세 번째 측면은 현 교회학교의 침체 원인이다. 앞의 설문조사를 통하여 우리는 이미 침체 요인과 이를 바탕으로 한 부흥 방안을 살펴보았고, 이를 바탕으로 교사, 교역자, 담임목사, 부모, 교회, 사회 · 문화적 요인들, 교육 프로그램 등 다양한 항목에서의 발전 방향 등을 살핀 바 있다. 이제 보다 세부적으로 교육적 차원, 교회적 차원, 사회 – 문화적 차원에서 설문을 통하여 교회학교 발전을 위해 제시된 내용들을 정리해 보도록 하자.

1) 교육적 차원

첫째, 교육적 차원으로 공통적으로 지적된 것은 교사와 교육자의 문제(전문성, 사명감, 영성 비전 등), 교육철학 및 교육목적 부재 현상, 프로그램 운영의 비적절성, 교육방법의 비적합성 등이었다. 그와 같은 문제들의 극복은 구체적이고도 세부적인 실천으로 이루어져야 한다.

- 교역자의 전문화
- 교사교육 – 전문성, 사명감, 영성, 비전을 함양하는 교사교육
- 교육철학 확립
- 교회교육 행정의 전문화
- 어린이에게 맞는 축제예배로 갱신
- 어린이 신앙공동체 형성
- 사랑과 치유가 있는 관계 중심 교회학교로 전환
- 전인적 삶에 관심을 갖는 교회교육 구조로 전환
- 선교와 봉사가 훈련되는 교회학교
- 아동의 문화에 적합한 교육방법 사용
- 멀티미디어 체제로 전환
- 흥미 중심의 프로그램 운영에서 합목적인 프로그램 운영

2) 교회적 차원

둘째, 교회적 차원에서 공통적으로 지적된 침체 요인은 성인 중심 목회, 목회자의 인식 부족, 목회와 교육의 분리 등의 문제였다. 이와 같은 요인들을 극복하기 위하여 다음과 같은 극복안들이 시도되어야 할 것이다.

- 목회 차원에서 교육을 위한 장 · 단기 발전 계획 수립
- 아동부 사역자의 전임화 추진
- 교육사 제도 정착
- 목회자의 계속교육을 통한 교육의 중요성 인식
  - 총회교육부와 신학교 차원에서, 노회와 아동부 연합회의 차원에서
- 교회학교연구 및 시설 투자
- 교육위원회의 활동 강화
  - 평신도 교육전문가로 구성된 교육위원회에서
- 교회와 가정의 네트워킹 형성
- 부모교육 강화(아버지학교, 어머니학교)
- 부모 모임 활성화

3) 사회 · 문화적 차원

셋째, 사회 · 문화적 차원에서 공통적으로 지적된 침체 요인으로 세속적 · 물질적 환경, 포스트모던적 문화 영향, 유흥 문화 등

으로 신앙교육이 경시되는 것이 핵심 문제였다. 이와 같은 요인들을 극복하기 위하여 다음과 같은 극복안들이 시도되어야 할 것이다.

- 학교생활 지도 및 대중문화 교육
- 삶을 변화시키는 교육으로 전환
- 전인성을 추구하는 교육으로 전환
- 인터넷을 통한 네트워킹 형성, 사이버상의 교제 활성화
- 주중 아동 공동체(셀, 목장모임) 운영을 통한 주중 신앙교육 강화
- 주 5일제 수업에 따른 주말학교
- 올바른 여가문화 형성을 위한 여가학교
- 포스트모던적 의사소통 형식에 적합한 의사소통의 구조 형성
- JPIC 실현을 위한 교육
- 문화 사명을 수행하도록 돕는 교육
- 건전한 기독교문화 형성을 위한 교육

지금까지 '재도전기'의 교회학교 침체를 극복하고 새로운 도약으로 나아갈 방안을 삼중적 기초, 즉 '21세기의 시대적 특성', '교회학교의 기본방향과 철학', 그리고 '침체 요인'이라는 기초 위에서 제안해 보았다. 위에서 이미 나타난 바와 같이 이 셋은 서로 상반된 내용이기보다는 서로 간에 많은 것들이 공유되는 것을 볼 수 있다. 그럼에도 불구하고 이 세 기초들 간에는 서로 상충되는 내용들도 공존하는 것을 볼 수 있다. 그렇기 때문에 우리는 침

체 요인으로부터 제안된 침체 극복의 방안이 교회학교 기본철학과 맞는지, 21세기 시대적 배경에 맞는지 물을 필요가 있다. 따라서 침체 극복의 실제적 방안은 이 삼중적 기초의 상호작용을 바탕으로 구성되어야 한다. 그 셋 간의 관계는 아래의 표에서 보는 바와 같이 먼저 폭넓게 '21세기의 사회적 배경' 이 고려되어야 하고, '교회학교의 기본 철학' 을 바탕으로 한 교회학교의 방향이 설정되어야 하며, 그 토대 위에서 궁극적으로 침체 요인 극복과 부흥의 방향이 모색되어야 할 것이다.

〈 교회학교 침체 극복과 발전을 위한 삼중적 기초 〉

VI. 맺음말

교회학교가 오늘날 침체에 빠져 있다 하더라도 교회학교는 여전히 한국사회의 '거의 유일한 대중적 기독교교육 기관' 이다.[71] 오늘날 한국사회에서 기독교교육을 행하는 기관이 극히 제한되어 있고, 더군다나 오늘날의 많은 기독교 가정이 '작은 교회' 로서의 신앙교육 기능을 제대로 수행하고 있지 못하기에 교회학교의 중요성은 더욱 상승된다. 많은 기독교 가정의 부모들이 오히려 교회학교에 자녀의 신앙교육을 전담시키고 있고, 따라서 성인 교인들이 교회를 선택하는 기준 중 하나가 좋은 교회학교 프로그램이 되고 있다. 자신들이 선택하는 교회에서 자녀들이 제대로 된 신앙교육을 받을 수 있는지, 교회학교의 시설이나 교사, 프로그램 등은 안심하고 자녀를 맡길 만한지 하는 것이 교회 선택의 중요한 기준

71) 김청봉, 《우리가 세워야 할 교회학교의 미래》, (서울: 이레 미디어, 2004), 14.

이 되고 있다는 것이다. 그러한 지금의 상황에서 어떠한 기관도 현실적으로 교회학교를 대신해 줄 수 있는 기독교교육 기관은 없다고 할 수 있다.

뿐만 아니라 '아동' 이라는 시기의 발달적 특성으로 볼 때도 아동 교회학교는 매우 중요하다. 아동기는 수직적인 부모와의 관계로부터 수평적인 친구관계와 사회적 관계로 관심의 폭을 넓히는 시기이고, 따라서 신앙교육도 이제는 가정에서, 교회라는 넓은 신앙공동체의 장으로 확대되어 배울 수 있는 시기이다. 신앙공동체의 다양한 삶의 양식과 기술들을 익히고, 신앙의 기본 습관을 다른 사람들과 함께 나누며, 신앙공동체 식구들로부터 배울 수 있는 시기이다. 그런 의미에서 '아동기' 의 교회학교는 '가정' 이 줄 수 없는 신앙공동체의 경험을 제공한다고 할 수 있다.

그런가 하면 아동 교회학교는 신앙공동체인 교회 전체를 활성화하는 데도 기여한다. 아동 교회학교는 평신도 지도자들에게 교회학교에 봉사하는 교사로서의 역할을 부여함으로써 평신도 지도자 훈련의 장이 되고, 이를 통해 교회의 성장과 활성화를 꾀할 수 있기 때문이다. 최초의 주일학교운동인 영국의 주일학교운동이 평신도를 중심으로 하는 운동으로 시작되었던 것과 마찬가지로 오늘날에도 교회학교는 평신도인 교사의 자발적 참여로 이루어지는 교육 기관이라는 특징을 가지고 있다. 교회학교는 성숙한 신앙인들이 성장세대를 교육하는 일에 헌신할 수 있는 장을 제공하며 신앙의 대물림을 할 수 있게 하는 전통 전수의 자리인 것이다.

이와 같은 여러 가지 점들로 인하여 아동 교회학교가 갖는 기독교교육적 중요성은 아무리 강조해도 지나치지 않는다. 아동기의 신앙적 특성에서 보나, 신앙공동체의 신앙의 대물림과 전통 전수의 측면에서 보나, 오늘날의 붕괴된 가정이 신앙교육의 장으로서의 역할을 상실하였다는 측면, 그리고 아동의 복음화를 통한 한국사회의 복음화라는 측면 등에서 보았을 때 아동 교회학교의 중요성은 일회적이라고 할 수 있다. 중요성이란 잠재력의 다른 이름이다. 엄청난 잠재력을 가진 한국의 아동 교회학교가 앞으로 그 잠재력을 온전히 발휘할 수 있게 되느냐 하는 것은 '재도전기'를 맞는 현재의 교회학교가 이 시점에서 어떻게 침체를 딛고 일어서서 다시금 성장과 부흥을 향하여 도약하느냐에 달려 있다.

이 '재도전기'가 말 그대로 전열을 다듬어 다시금 도약하는 발판이 될 것인지, 아니면 한국의 교회학교가 이대로 노화되고 퇴화되는 전조가 될 것인지는 우리 교회와 교회학교의 극복 의지에 달려 있다. 모든 발달의 멈춤과 정체가 곧 노화를 의미하는 것은 아니고 오히려 성장을 위한 성장통일 수 있는 것처럼, 한국의 교회학교가 재도전기를 다각도로 극복하려는 노력을 통해서 건전한 청년으로 우뚝 서서 한국사회의 복음화와 하나님 나라 건설에 크게 쓰이는 기관이 되기를 희망해 본다.

■ 참고문헌

고용수. "대한예수교장로회(통합)의 기독교교육사." 《한국 교단의 기독교교육사》. 서울: 한국장로교출판사, 1999.

곽안련. 《한국 교회와 네비우스 선교 정책》. 서울: 대한기독교서회, 1994.

김득룡. "한국 주일학교 교사 연구." 대한예수교장로회. 전국주일학교연합회.《전국주일학교 30년사 1967~1997》. 서울 : 대한예수교장로회 전국주일학교연합회, 1997.

김만형. 《SS혁신보고서》. 서울: 규장, 1998.

김청봉. 《우리가 세워야 할 교회학교의 미래》. 서울: 이레 미디어, 2004.

문동환. "한국의 교회교육사(주일학교운동 중심으로)." 대한기독교교육협회.《韓國基督教教育史》. 서울: 大韓基督教教育協會, 1973.

박창건. "유초등부 교회 지도자의 기독교교육적 과제." 《교회교육과 지도자》. 서울: 총신대학교 부설 기독교교육연구원, 2004.

손원영. 《기독교문화교육과 주일교회학교》. 서울: 대한기독교서회, 2002.

엄요섭. 《韓國基督教 教育史 小考》. 서울: 大韓基督教教育協會, 1959.

은준관. 《기독교교육 현장론》. 서울: 대한기독교출판사, 1988.

장종철. "한국 감리교회의 기독교교육사." 《한국 교단의 기독교교육사》. 서울: 한국장로교출판사, 1999.
정웅섭. 《현대 교육목회의 전개》. 서울: 한국신학연구소, 2001.
한국기독교교육학회 편. 《한국 교단의 기독교교육사》. 서울: 한국장로교출판사, 1999.
구성서. "하기 아동성경학교 조선 유래." 《기독신보》1932. 5. 18.
김도일. "한국 교회학교의 위기상황 인식과 부흥을 위한 전략 모색", 《91회 교육자원부 정책 세미나 자료집》(2007. 2).
김득룡. "한국장로교회의 주교교육 연구." 《신학지남》 vol. 43 no. 2 (1976. 6).
김성수. "변화하는 사회와 교회교육적 대처." 《교회와 교육》 (2004. 겨울).
김종준. "주일학교 교육의 진단." 《기독교교육연구 - 교회교육과 지도자》v. 15 (2004).
김청호. "주일학교 왜 위기를 맞고 있는가?" 《교회와 교육》 (1995. 9).
김희자. "교회교육 구조 진단 및 분석에 관한 연구 - 대한예수교장로회(합동, 통합) 교단을 중심으로." 《기독교교육정보》vol. 8 (2004).
박봉수. "교회학교의 정체 현상 원인 분석." 《1996년도를 위한 교육정책세미나 자료집》 (1995).
박상진. "한국 교회학교의 성장 추이 분석." 《1996년도를 위한 교육정책세미나 자료집》 (1995).

"한국 교회학교의 위기분석과 그 대책,"《2004 총회 어린이와 청소년의 해 교육지도자 대회 자료집》(2004).

양승헌. "어린이들이 외면하는 주일학교, 무엇이 문제인가?"《교회와 교육》. (2002. 여름).

정웅섭. "教育問題史的으로 본 韓國改新教 教會教育 100年 -主日學校를 中心으로."《한신논문집》제 2권(1985).

총회교육위원회 엮음. "교회교육의 현실진단."《삶을 새롭게 하는 교회교육》. 서울: 영문, 1999.

한국기독교교육학회 편,《한국 교단의 기독교교육사》. 서울: 한국장로교출판사, 1999.

부록

– 설문지(①교역자, 전문가, 교사용 ②학무모용 ③아동용

교회학교 아동부의 침체 요인과 해결 방안에 관한 설문지

(교사, 교역자 및 교육 전문가용)

안녕하십니까?

저희는 "교회학교 아동부의 침체 요인과 부흥 방안에 관한 연구"를 수행하고 있습니다. 이 설문지는 이러한 진단 연구에 필요한 교회학교 교사들의 의견을 수렴하기 위한 내용입니다. 바쁘시더라도 교회학교의 발전을 위하여 성의껏 답하여 주신다면 향후 한국 교회 교회학교의 부흥에 큰 밑거름이 될 것입니다. 본 내용은 본래의 연구 목적으로만 활용할 것이며, 응답자에 대해서도 비밀로 할 것을 약속드립니다.

감사합니다.

2007년 10월

장로회신학대학교 기독교교육학과 양금희 교수 드림

이 설문지에서 아동부는 초등학생만을 의미합니다.

* 아래의 물음을 읽고 해당하는 번호에 V표를 해 주세요.

〈일반적인 사항〉

1. 귀하가 담당하고 있는 직책에 표해 주십시오.

① 아동부 교육전도사 및 교육 파트타임 교육목사 ② 전임 교육목사

③ 담임목사 ④ 기독교교육 학자 및 전문가 ⑤ 교사

* 위의 ④ 기독교교육 학자 및 전문가는 8번 문항부터 답해 주시기 바랍니다.

2. 우리 교회는 어디에 속합니까?

① 서울 ② 수도권의 신도시 ③ 광역시

④ 중소도시 ⑤ 읍, 면 단위의 농촌, 어촌, 산촌

3. 우리 교회의 출석 장년 수는 얼마입니까?

① 50명 이하 ② 100명 이하 ③ 300명 이하 ④ 1,000명 이하

⑤ 3,000명 이하 ⑥ 1만 명 이하 ⑦ 1만 명 이상

4. 우리 교회의 출석 아동부(초등학생) 수는 얼마입니까?

① 30명 이하 ② 70명 이하 ③ 150명 이하

④ 300명 이하 ⑤ 500명 이하 ⑥ 500명 이상

* 5~7번 문항은 교사만 답해 주시기 바랍니다.

5. 귀하의 교사 경력은 총 몇 년입니까?

① 1 - 5년 ② 6 - 10년 ③ 11 -15년

④ 16 - 20년 ⑤ 21년 이상

6. 귀하의 교회학교 아동부 숫자가 감소되고 있다고 생각하십니까?

① 확실히 그렇다 ② 대체로 그런 것 같다

③ 잘 모르겠다 ④ 전혀 그렇지 않다

7. 귀하의 교회학교 교육이 아동에게 어느 정도로 긍정적인 영향을 미친다고 생각하십니까?

① 아주 많이 ② 대체로 긍정적

③ 잘 모르겠다 ④ 전혀 그렇지 않다

* 8~10번 문항은 교역자 및 전문가만 대해 주시기 바랍니다.

8. 해당영역 종사 기간(아동부 종사 기간을 포함)은 얼마나 됩니까?

① 5년 이하 ② 5 – 10년 이하

③ 10 – 20년 이하 ④ 20년 이상

9. 한국 교회 교회학교 아동부 숫자가 감소되고 있다고 생각하십니까?

① 확실히 그렇다 ② 대체로 그런 것 같다

③ 잘 모르겠다 ④ 전혀 그렇지 않다

10. 한국 교회 교회학교 교육이 아동에게 어느 정도로 긍정적인 영향을 미

친다고 생각하십니까?

① 아주 많이 ② 대체로 긍정적

③ 잘 모르겠다 ④ 전혀 그렇지 않다

〈 교회학교 침체 요인에 관한 질문 〉

11. 한국 교회학교 아동부의 숫자가 정체 내지 침체되는 원인이 무엇이라고 생각하십니까? 중요하다고 생각하는 것 세 가지만 번호를 적어 주세요. (, ,)

① 목사, 전도사 등 교역자의 문제 ② 교회학교 교사들의 문제

③ 교회학교 부모들의 문제 ④ 교육방법이나 프로그램의 문제

⑤ 교육시설이나 교육환경의 문제 ⑥ 신앙적 열정 저하

⑦ 주 5일 근무제의 확대로 인한 여가 선용

⑧ 입시 위주의 시대적 상황

⑨ 교회에 대한 사회의 부정적인 이미지 문제

⑩ 기 타 (   )

*11번 질문에 대한 선택과 상관없이 12~17번 문항에 모두 응답해 주시기 바랍니다.

12. 교회학교 침체 요인이 교사에게 있다고 한다면, 교사의 어떤 점이 가장 영향을 미친다고 생각하십니까?

① 교육의 전문성 결여 ② 영성 및 신앙심 부족

③ 사명감 및 열정 저하 ④ 학생에 대한 사랑과 관심 결여

⑤ 교사의 숫자 부족

13. 교회학교의 침체 요인이 전담교역자에게 있다고 한다면, 전담교역자의 어떤 점이 가장 영향을 미친다고 생각하십니까?

① 전문성과 경험 부족 ② 영성 및 신앙심 부족
③ 사명감 및 열정 저하 ④ 교사와의 협력 부족
⑤ 해당 부서에서의 짧은 사역 기간

14. 교회학교의 침체 요인이 담임목사에게 있다고 한다면, 담임목사의 어떤 점이 가장 영향을 미친다고 생각하십니까?

① 아동부 교육에 대한 장기적 비전 부족
② 성인 중심 목회에만 편중
③ 교육전담자와 교사에 대한 지원 부족
④ 기타(   )

15. 교회학교의 침체 요인이 교회 자체에 있다고 한다면, 교회의 어떤 점이 가장 영향을 미친다고 생각하십니까?

① 교회 자체의 침체된 신앙적 분위기
② 중직자 및 의사결정권자의 아동 교회학교 경시 풍조
③ 예배나 전도에 비해 교육을 부차적인 것으로 인식하는 분위기
④ 교회학교에 대한 재정 및 인력 지원 부족

16. 교회학교의 침체 요인이 부모에게 있다고 한다면, 부모가 자녀를 교회학교에 적극적으로 보내지 않는 이유가 무엇이라고 생각하십니까?

① 교회학교보다 세상교육(특히 학원)에 대한 관심 집중
② 교회학교에 대한 불신
③ 자녀의 신앙교육에 대한 의지 및 중요성 인식 부족
④ 부모의 신앙심과 영성의 부재

17. 교회학교의 침체 요인이 교육환경에 있다고 한다면, 교육환경의 어떤 점이 가장 영향을 미친다고 생각하십니까?
① 교회학교에 투자되는 재정의 부족
② 교회학교의 비교육적 교육 환경
③ 교육 기자재 부족
④ 교회학교 교사 및 인적 자원 부족
⑤ 교육시간의 부족

18. 다음 중 교회학교 아동부의 침체에 가장 영향을 미치는 것은 무엇이라고 생각하십니까?
① 세속적, 물질적 가치관
② 주 5일제 근무 도래 등에 따른 놀이문화
③ 인터넷, 게임 그리고 TV 등으로 인한 교회학교에 대한 흥미와 관심 반감
④ 입시지상주의 문화

19. 다음 중 교회학교 아동부의 침체에 가장 영향을 미치는 것은 무엇이라고 생각하십니까?
① 한국 교회의 침체가 아동 교회학교에 미치는 영향

② 세속적, 물질적 요소들이 아동 신앙교육에 미치는 영향

③ 복음적이지 않은 교회의 신학

④ 교회에 대한 사회의 부정적 이미지 팽배

20. 교회학교 아동부의 침체 원인에 대한 또 다른 의견이 있다면 귀하의 생각을 써주십시오.

〈 교회학교의 부흥에 관한 질문 〉

21. 교회학교 아동부의 부흥을 위해서 가장 시급하다고 생각하는 순서대로 번호를 써 주십시오. (   )

① 교회 · 교육적 차원 (교사, 교역자, 교회학교의 교육시설, 교육방법의 전문성 재고)

② 시대 · 문화적 차원 (세속적 가치관 및 문화, 주 5일제 근무에 따른 유흥문화, 인터넷, 게임, TV 등의 대체물 등장, 교회 안까지 침투한 물질적 가치관과 문화 등)

③ 신앙 · 신학적 차원 (한국 교회 자체의 저하된 신앙적 열정, 교회의 타락, 영성 저하, 신학적 경향 등)

22. 교회학교 아동부의 부흥을 위해서 교육적 차원에서 시도되어야 할 가장 중요한 것은 무엇인지 순서대로 세 가지만 번호를 선택해 주십시오.(   )

① 교사 차원에서의 변화　　　　② 전담교역자의 변화

③ 담임목사의 변화　　　　④ 부모의 변화

⑤ 교회 자체의 변화　　　　　　⑥ 교육 환경의 변화

23. 교회학교 아동부의 부흥을 위해 '교사' 에게 요구되는 가장 중요한 것은 무엇이라고 생각하십니까?

① 교사의 숫자 확보

② 교사의 전문성 신장을 위한 교육

③ 교사의 신앙적 각성 및 영성훈련

④ 교사교육을 통해 준비된 교사 임명

24. 교회학교 아동부의 부흥을 위해 '교사교육' 에서 강조되어야 할 교육내용은 무엇이라고 생각하십니까?

① 성경 지식

② 교사의 영성훈련

③ 교육적 지식 및 교육방법 훈련

④ 부서 화합을 위한 단합대회 및 친교

25. 교회학교 아동부의 부흥을 위해 '아동부 전담교역자' 에게 요구되는 가장 중요한 것은 무엇이라고 생각하십니까?

① 신학교의 보다 전문적이고 체계적인 교육전도사 교육 실시

② 교육전도사의 분명한 자격기준 제정과 엄선

③ 아동부 교역자를 위한 계속교육 프로그램 제공

④ 아동부 교역자의 전임제도 실시

26. 교회학교 아동부의 부흥을 위해 '담임목사' 에게 요구되는 가장 중요

한 것은 무엇이라고 생각하십니까?

① 신학교에서 교회학교와 교육목회에 대한 바른 인식을 위한 교육

② 노회나 총회 차원의 교육적 인식 형성을 위한 교육 및 홍보

③ 신학교의 목회자 계속교육을 통한 아동 교회학교의 중요성과 부흥을 위한 교육철학 형성

④ 다음 세대 교육을 위한 중요성 인식

27. 교회학교 아동부의 부흥을 위해 '교회' 에 요구되는 가장 중요한 것은 무엇이라고 생각하십니까?

① 교회의 신앙적 침체 분위기 갱신을 위한 노력

② 부흥의 의지와 철학을 가진 부장 및 교육위원장 임명

③ 교육위원회 차원에서 장 · 단기 계획 설정과 조직적이고 체계적인 실천 단행

④ 대폭적인 재정 지원과 전임교역자를 임명

28. 교회학교 아동부의 부흥을 위해 '교회학교' 에 요구되는 가장 중요한 것은 무엇이라고 생각하십니까?

① 은혜를 경험할 수 있는 예배 시도

② 전도 실시

③ 아동에 대한 인격적인 돌봄

④ 복음적인 성경 교육

⑤ 아동문화를 고려한 교육의 방법 사용

29. 교회학교 아동부의 부흥을 위해 '부모' 에게 요구되는 가장 중요한 것

은 무엇이라고 생각하십니까?

① 부모교육을 통해 자녀의 신앙교육의 중요성 인식

② 교회학교를 신뢰하고 자녀를 보낼 수 있도록 부모에게 교육의 내용 등의 정보 통지

③ 부모의 영성 형성을 돕는 프로그램 제공

④ 부모의 교회학교 참여와 좋은 부모운동

30. 교회학교 아동부의 부흥을 위해 '교육환경' 의 차원에서 요구되는 가장 중요한 것은 무엇이라고 생각하십니까?

① 아동 교회학교 재정 증액

② 아동 교회학교의 교육적 환경 조성

③ 교육 기자재 구입

④ 사이버 교육 환경 구성

31. 물질적이고 세속적인 문화를 극복하고 교회학교의 부흥을 일으킬 수 있는 방안은 무엇이라고 생각하십니까?

① 신앙교육의 특성과 본질을 살려 철저히 교육

② 교회학교에서 학습지도나 문화교실 등 다양한 정보 제공

③ 인터넷이나 게임 등을 교회교육에 수용

④ 세상의 교육과 구별되는 '사랑', '관심', '기도' 로 교육

32. 위에 거론된 것들 외에 교회학교가 부흥할 수 있는 방안은 무엇이라고 생각하십니까?

교회학교 아동부의 침체 요인과 해결 방안에 관한 설문지 (학부모용)

안녕하십니까?

저희는 "아동부 교회학교의 침체 요인과 부흥 방안에 관한 연구" 를 수행하고 있습니다. 이 설문지는 본 연구에 필요한 부모님들의 의견을 수렴하기 위한 내용입니다. 바쁘시더라도 교회학교의 발전을 위하여 성의껏 답변하여 주신다면 향후 한국 교회 교회학교의 부흥에 큰 밑거름이 될 것입니다. 본 내용은 본래의 연구 목적으로만 활용할 것이며, 응답자에 대해서도 비밀로 할 것을 약속드립니다.

감사합니다.

2007년 10월

장로회신학대학교 기독교교육학과 양금희 교수 드림

*** 아래의 물음을 읽고 해당하는 곳에 V표를 해 주세요.**

1. 우리 교회는 어디에 속합니까?

① 서울 ② 수도권의 신도시 ③ 광역시

④ 중소도시 ⑤ 읍, 면 단위의 농촌, 어촌, 산촌

2. 우리 교회의 출석 장년 수는 얼마입니까?

① 50명 이하 ② 100명 이하 ③ 300명 이하

④ 1,000명 이하 ⑤ 3,000명 이하 ⑥ 1만 명 이하

⑦ 1만 명 이상

3. 우리 교회의 출석 아동부(초등학교) 수는 얼마입니까?

① ~30명　② ~70명　③ ~150명

④ ~300명　⑤ ~500명　⑥ 500명 이상

---

4. 귀하의 성별은 무엇입니까?

① 남자　② 여자

5. 귀하의 자녀는 몇 학년입니까? (초등학교 자녀 수대로 표시하세요)

① 1학년　② 2학년　③ 3학년

④ 4학년　⑤ 5학년　⑥ 6학년

6. 귀하의 나이는 어디에 해당합니까?

① 25-29세　② 30-34세　③ 35-39세

④ 40-44세　⑤ 45-49세　⑥ 50세 이상

7. 신앙생활을 처음 시작한 시기는 언제입니까?

① 모태부터　② 초등학교　③ 중고등학교

④ 20대　⑤ 30대　⑥ 40대 이후

8. 우리나라 개신교 교회학교 아동부 학생 수가 정체 내지는 침체된 원인이 무엇이라고 생각하십니까? 중요하다고 생각하는 것 세 가지만 번호를 적어 주세요.(　,　,　)

① 목사, 전도사 등 교역자의 문제

② 교회학교 교사들의 문제

③ 교회학교 부모들의 문제

④ 교육 방법이나 프로그램의 문제

⑤ 교육 시설이나 교육 환경의 문제

⑥ 신앙적 열정 저하

⑦ 주 5일 근무제의 확대로 인한 여가 선용

⑧ 입시 위주의 시대적 상황

⑨ 교회에 대한 사회의 부정적인 이미지 문제

⑩ 기타 ( )

9. 자녀가 출석하는 교회학교에 대해 만족하십니까?

① 매우 만족 ② 만족 ③ 보통 ④ 불만족 ⑤ 매우 불만족

10. 만족하지 못하다면 해당하는 두 곳에 표하시고 그 이유를 구체적으로 적어 주세요.

( ) 목사, 전도사 등 교역자의 문제 ( )

( ) 교회학교 교사들의 문제 ( )

( ) 교육 방법이나 프로그램의 문제 ( )

( ) 교육 시설이나 교육 환경의 문제 ( )

( ) 예배시간대 ( )

기타 ( )

11. 교회 차원에서 초등학교 자녀들에게 제공되었으면 하는 것은 무엇입

니까?

① 공과공부 이외의 좀더 체계적인 성경공부 프로그램의 마련

② 악기를 배우거나 스포츠를 함께하는 문화교실의 개설

③ 학교 공부에 도움이 되는 프로그램 마련

④ 지금보다 재미있고 의미있는 예배 시간과 성경 공부 시간을 기대한다

⑤ 기타 (   )

12. 교회학교가 자녀의 신앙 성장에 도움을 주고 있습니까?

① 아주 많이 ② 많이 ③ 보통 ④ 조금 ⑤ 아주 조금

13. 주 5일 근무제가 전면 실시되면 나의 신앙생활에 어느 정도 영향을 미칠 것으로 생각합니까?

① 아주 부정적인 영향을 미칠 것이다.

② 조금 부정적인 영향을 미칠 것이다.

③ 별 영향이 없을 것이다.

④ 조금 긍정적인 영향을 미칠 것이다.

⑤ 아주 긍정적인 영향을 미칠 것이다.

14. 주 5일 근무제가 전면 실시되면 교회학교가 어느 부분에서 시급하게 관심을 가져야 한다고 보십니까?

① 주일성수의 강조

② 주일과 주말을 연계하여 진행하는 가족 참여 프로그램 개발

③ 성경공부나 영성훈련 등 신앙적 프로그램의 준비

④ 다양한 문화활동 프로그램의 준비 (독서, 놀이, 악기 배우기 등)

⑤ 기타 (   )

15. 주변에 교회학교 프로그램이 잘 마련된 교회가 있다면 자녀를 위해 교회를 옮길 생각이 있습니까?

① 예　　② 아니오　　③ 심각히 고려해 보겠다

16. 교회학교에 보내기 싫은 이유가 있다면 구체적으로 적어 주세요.

17. 교회학교가 부흥하는 데 도움이 되는 의견이 있다면 적어주세요.

아동부 설문지

어린이 여러분, 안녕하세요.
우리는 더 재미있고 신나는 교회학교를 만들기 위하여 여러분의 생각을 알아보는 중입니다. 힘들지만 여러분의 생각을 정확히 표시하고 의견을 적어준다면 지금보다 더 좋은 교회교육을 만들어나가는 데 소중한 자료로 활용하겠습니다.
어린이 여러분, 꼭 부탁합니다.

2007년 10월

장로회신학대학교 기독교교육학과 양금희 교수

* 1~3번은 선생님이 표시할 것입니다

1. 우리 교회는 어디에 속합니까?

① 서울 ② 수도권의 신도시 ③ 광역시
④ 중소도시 ⑤ 읍, 면 단위의 농촌, 어촌, 산촌

2. 우리 교회의 출석 장년 수는 얼마입니까?

① 50명 이하 ② 100명 이하 ③ 300명 이하 ④ 1,000명 이하
⑤ 3,000명 이하 ⑥ 1만 명 이하 ⑦ 1만 명 이상

3. 우리 교회의 출석 아동부(초등학교) 수는 얼마입니까?

① ~30명 ② ~70명 ③ ~150명
④ ~300명 ⑤ ~500명 ⑥ 500명 이상

* 다음 문제를 읽고 친구가 해당하는 번호에 V표를 해 주세요.

1. 나는 남자입니까? 여자입니까?

① 남자입니다 ② 여자입니다

2. 나는 몇 학년입니까?

① 1학년 ② 2학년 ③ 3학년

④ 4학년 ⑤ 5학년 ⑥ 6학년

3. 부모님은 교회에 다니시나요?

① 엄마만 교회에 다니신다

② 아빠만 교회에 다니신다

③ 엄마 아빠 모두 교회에 다니신다

④ 엄마 아빠 모두 교회에 안 다니신다

4. 부모님이 교인이라면 어느 교회에 다니시나요?

① 나와 같은 교회 ② 나와 다른 교회

5. 나는 집에서 교회가 얼마나 먼가요?

① 걸어서 온다 ② 지하철이나 차를 타고 가깝다

③ 지하철이나 차를 타고 아주 멀다

6. 나는 교회에 처음 어떻게 나오게 되었나요?

① 스스로 ② 친구의 전도

③ 부모님과 함께 ④ 교회 선생님의 전도

⑤ 기타(할머니, 이웃 아주머니 등)

7-1. 나는 주일날 예배드리러 교회 올 때, 어떤 마음이 드나요?

① 많이 즐거워요 ② 조금 즐거워요

③ 그저 그래요 ④ 별로 즐겁지 않아요

⑤ 많이 즐겁지 않아요

7-2. 주일날 예배드리러 교회에 오는 것이 즐겁지 않다면 왜 그럴까요?

① TV나 컴퓨터를 하고 싶어서

② 자거나 쉬고 싶어서

③ 친구가 싫어서

④ 선생님이나 전도사님이 싫어서

⑤ 예배나 성경공부가 지루해서

⑥ 기타 ( )

8. 나는 교회에 얼마나 자주 오나요?

① 주일마다 거의 참석해요

② 가끔 참석하지 못할 때도 있어요

③ 자주 참석하지 못해요

9-1. 교회의 여러 순서 중 어느 시간이 가장 기다려지고 좋은가요?

두 가지만 골라 □에 V표를 해 주세요.

□ 말씀 듣는 시간(설교 시간)

□ 찬송, 율동 시간

□ 성경공부 시간

□ 간식 시간

□ 친구들과 자유롭게 노는 시간

□ 그밖의 것이 있으면 적어 주세요 (   )

9-2. 그럼 가장 싫고 힘든 시간은? 두 가지만 골라 □에 V표를 해 주세요.

□ 말씀 듣는 시간(설교 시간)

□ 찬송, 율동 시간

□ 성경공부 시간

□ 간식 시간

□ 친구들과 자유롭게 노는 시간

□ 그밖의 것이 있으면 적어 주세요 (   )

9-3. 위에서 내가 표시한 시간이 싫은 이유를 적어 주세요.

10. 나는 어떤 선생님이 가장 좋은가요? 세 가지만 골라 □에 V표를 해 주세요.

□ 결석할 때 잘 챙겨주는 선생님

□ 성경공부를 재미있게 가르쳐주는 선생님

□ 기도를 많이 해 주시는 선생님

□ 신앙생활에 모범을 보여주는 선생님

□ 고민을 들어주고 상담해 주는 선생님

□ 잘 놀아주시는 선생님

□ 집이나 핸드폰으로 전화를 해 주시는 선생님

□ 생일을 기억하는 등 사랑과 관심을 보여주는 선생님

□ 먹을 것을 잘 사주시는 선생님

□ 예쁘고 잘생긴 선생님

11. 교회를 안 다니는 친구에게 전도를 해 본 적이 있나요?

① 예 ② 아니요

12. 내가 친구를 전도하기 어려운 이유는 무엇일까요? 하나만 고르세요.

① 전도하는 방법을 몰라서

② 용기가 없어서

③ 집이 멀어서 전도하기 힘들어요

④ 그밖에 ( )

13. 친구를 어떻게 전도하는 것이 가장 효과가 있다고 생각하나요? 하나만 고르세요.

① 교회에 다양한 행사를 마련하여 친구를 초대한다

② 학교 앞 전도를 한다

③ 간식이나 선물을 준다

④ 그밖에 ( )

14. 놀토: 토요일마다 학교를 가지 않는다면 교회에서 어떤 프로그램이 생기면 좋을까요?

① 성경에 대해 궁금한 것을 가르쳐주는 성경공부 시간

② 악기를 배우거나 스포츠를 함께하는 문화교실 프로그램

③ 학교 공부에 도움을 주는 공부를 교회에서 가르쳐주면 좋겠다

④ 교회나 야외에서 부모님과 함께하는 프로그램이 마련되면 좋겠다

⑤ 찬양과 율동을 배우는 시간

⑥ 선생님과 자유롭게 노는 시간

⑦ 그밖에 (   )

15. 전도사님(목사님)의 설교말씀이 가정생활이나 학교생활에서 도움이 됩니까?

① 아주 많이 ② 많이 ③ 보통

④ 조금 ⑤ 아주 조금

16. 나는 전도사님(목사님)이 어떻게 설교말씀을 해주실 때 좋은가요?

① 동화를 들려주듯 이야기식으로 하실 때

② 교육자료나 인형 등을 활용하여 하실 때

③ 드라마나 영상을 보여주시며 하실 때

④ 교육자료가 없이 설명식으로 하실 때

⑤ 그밖에 (   )

17. 우리 부서의 선생님들에 대한 물음이에요. 해당하는 곳에 O를 해 주세요.

1) 우리를 사랑해 주신다	아주 많이	많이	보통	조금	아주 조금
2) 성경공부를 재미있게 가르쳐주신다	아주 많이	많이	보통	조금	아주 조금

3) 신앙적으로 본받고 싶어요	아주 많이	많이	보통	조금	아주 조금
4) 성경 지식이 풍부하다	아주 많이	많이	보통	조금	아주 조금
5) 우리를 공평하게 대해 주신다	아주 많이	많이	보통	조금	아주 조금

18. 교회에서 가장 배우고 싶은 것이나 알고 싶은 것이 있다면 무엇인가요?

19. 목사님이나 전도사님께 바라는 것이 있다면 무엇인가요?

20. 교회 선생님께 바라는 것이 있다면 무엇인가요?

교회학교 진단

-침체와 부흥-

2008년 4월 10일 인쇄
2008년 4월 15일 발행

지은이 | 양금희
발행인 | 이형규
발행처 | 쿰란출판사

주소 | 서울 종로구 이화동 184-3
TEL | 02-745-1007, 745-1301, 747-1212, 743-1300
영업부 | 02-747-1004, FAX / 02-745-8490
본사평생전화번호 | 0502-756-1004
홈페이지 | http://www.qumran.co.kr
E-mail | qumran@hitel.net
qumran@paran.com
한글인터넷주소 | 쿰란, 쿰란출판사

등록 | 제1-670호(1988.2.27)

책임교열 | 임영주, 박신영

값 8,000원

ISBN 978-89-5922-525-5 93230